凡人孔子

【中华文化研究小丛书】

高专诚 著

漓江出版社
桂林

图书在版编目（CIP）数据

凡人孔子 / 高专诚著. — 桂林：漓江出版社，2014.7
（中华文化研究小丛书）
ISBN 978-7-5407-6964-2

Ⅰ.①凡… Ⅱ.①高… Ⅲ.①孔丘（前551 ~前479）—人物研究 Ⅳ.① B222.2

中国版本图书馆 CIP 数据核字 (2014) 第130187号

FANREN KONGZI

凡人孔子

高专诚 著

责任编辑：张 谦
封面制作：李星星

出版人：郑纳新
漓江出版社有限公司出版发行
广西桂林市南环路22号 邮政编码：541002
网址：http://www.lijiangbook.com
全国新华书店经销
销售热线：021-55087201-833
北京盛源印刷有限公司印刷
（北京市通州区漷县镇后地村村北工业区 邮政编码：101109）
开本：660mm × 950mm 1/16
印张：12 字数：124千字
2014年8月第1版 2014年8月第1次印刷
定价：32.00 元

出版说明

文化是人类的本质，唯有文化的兴旺发达，才有国家民族的振兴强大。中华民族五千年文明史，辉煌璀璨，一脉相传，从未间断，独步于世界民族之林。为弘扬传统，播传新知，砥砺精神，建设文化强国，我们谨从“秉文化情怀，做文化事业”的社训，特地编辑出版这套中华文化研究小丛书，以传扬民族文化精华，发布专门研究成果，期为读者、研究者阅读参考。作者均为国内外文、史、哲领域建树颇丰的专家、学者，他们从各自擅长的专题，提供简明扼要的讲析，文字不在其多，书不在其厚，重在见解之通达准确，独有会心，能予读者真知与启迪，领悟精要，涵泳其间。本丛书是一开放性的项目，我们真诚欢迎在这一主题下有更多的佳作加入其中。

漓江出版社编辑部

2014 年 2 月 25 日

目　录

自　序

至少从两千多年前的汉代开始，人们认识孔子就是从圣人孔子开始的，都习以为常地视孔子的思想为圣人之教诲，视孔子的一生为圣人之伟业。我从大学时代开始接触、了解和学习孔子思想，同样也是从圣人孔子开始的。

三十年前，当我成为孔子思想的研习者时，是从研究孔子弟子入门的。对于孔门盛事，写了不少，说了不少。时间久了，有一个问题自然产生。

这个问题就是，那么多年轻有为、志向远大的弟子，是如何被吸引到孔子门下？又是为什么要把自己的才智全部奉献给孔门的事业？

对于这个问题，孔子弟子有种种答案。这些答案基本被保存至今，但所有正面的回答都趋向于圣化和神化孔子，我认为不得要领。

我们必须拨开历史的迷雾，撩开神圣化的面纱，去努力了解生活在当时现实中的孔子。我的结论是，凡人孔子的一面才更具有根本性。

孔子的思想扎根于凡人的要求,孔子的魅力也是从凡人凡事中生发,孔子与其弟子的相知相悉也是源之于凡人之间的真诚。千百年来,无数的孔子研习者都声称要了解真孔子。我的感觉是,凡人孔子即使不是真孔子的全部,也是真孔子的一个不可缺少的重要方面。

当然,对于凡人的理解也是见仁见智,凡人孔子的范围和深度尚有待不断认知,本书也无法穷尽凡人孔子的所有方面。我只希望我看到的凡人孔子,能对这方面的探究有所贡献。

学妹张谦,以北大人的睿智和执着,一直督促和审视着本书的进展。由她做责任编辑,本书所述一切,自然就多了一份有益于读者的保障。感谢她的编辑和辛劳,感谢漓江出版社对国学的关注。

让我们与广大读者一起,感受凡人孔子的点点滴滴,感受传统文化对我们的赐予。书中所有言之有偏、述之尚浅之处,谨请大家不吝指正。

高专诚

2014 年 5 月 24 日

绪说

孔子:一个由凡入圣的人

公元前551年至公元前479年,这是习惯上认为的孔子在世的时间。从历史分期来看,这段时间正处在西周晚期,也就是春秋末期。在中国古代史上,这一时期是最为壮怀激烈的,当然也是知识分子最能表现自我的时期。

站在历史发展的长河中,孔子无疑是这一时期最耀眼的明星。可是,在他的有生之年,以及在他逝世后的一两百年中,孔子并没有享受过太多的明星待遇。

在更多的时候,有更多的人,不客气地视孔子为凡人。

在当时的普通人眼中,孔子的一生几乎一无所成,较为苛刻的人甚至认为孔子是个失败者。

他以从政为主业,但他真正从政的时间短暂而艰辛,政绩平平,而且还是以辞职告终。他以自己的政治理想为追求,但现实中的当权者们并不买他的账,甚至视他的政治理想为洪水猛兽。

他是中国古代真正意义上的人民教师,也使教育成为一种社会分工、一个职业,并且教育出一大批杰出弟子,但当时的人们并不认为这有什么了不起之处。

人们公认他是当时少有的博学多识之人，但他拥有的以古代文明为主体的思想学说，不仅未能给他换来像样的政治地位，甚至有时都解决不了他的吃饭问题。

《左传》中有一些关于孔子的记载。不过，这些记载与同时代其他更有名望的人物相比，也只能给人很普通的感觉。

他本人说过，“吾有知乎哉？无知也。有鄙夫问于我，空空如也”[①]。普通人问他的问题，他都表示难以正面回答，所以，至少在普通人看来，他并没有明显胜过“鄙夫”之处。

他与许多诸侯权臣、达官显贵有过往还，但被他征服的少之又少。他有许多好朋友，这些好朋友也没有把他看得有多么高不可攀。

与他相处最为密切的，无疑是他的弟子。但与他们相比，孔子的短处也是显而易见的。

在世俗的政治成就方面，孔子远不及冉求。孔子得以结束周游列国的磨难回到鲁国，以及晚年能够过着很优渥的生活，正是依靠了身为季氏家宰的冉求的政治资源。

在外交领域，子贡的成就无人能比，更不用说子贡的经商成就更是孔子望尘莫及。

至于军事方面，子路和樊迟之勇闻名天下，在孔门中独树一帜，孔子只有仰仗，无能企及。

即以孔子相对见长的思想学术领域而论，颜回的勤奋和钻研精神是孔子无法做到的，子张的敏感和创新精神也是孔子无法比拟的。

在孔子最擅长的教育领域，后起之秀如曾子和子夏等人，在

① 《论语·子罕第九》。

世之时已经名满天下。曾子是鲁国的学术泰斗,子夏成为魏国的国师。他们的教育丝毫不输给他们的老师。

从这些角度来看,孔子就是一个普通人,一个凡俗之人。

然而,没有权势的孔子,却经常与不可一世的君主和权臣们面对面。不能给任何人带来现实利益的孔子,却成为许多人乐于结交的朋友。那些在自己擅长的领域里能够胜过孔子的弟子们,却对老师“心悦而诚服”[①],一生不离不弃!

这是为什么?

这是不是对待一个凡人的应有之举?

这是不是一个凡人能够达到的高度?

显然不是。

孔子逝世以后,遭到了来自各方的攻击,甚至是恶意诽谤,而孔子弟子们则坚守阵地,维护着孔子的声誉。

在这方面,弟子子贡首当其冲。

他是弟子中的长者,又是能说善道者。

身为天下首富,子贡也是各国权贵甚至诸侯的座上客。

很大程度上,说服了子贡,就等于征服了孔门。征服了孔门,孔子及其思想便没有了着落,就会湮没无闻。

《论语》记载:

> 卫公孙朝问于子贡曰:“仲尼焉学?”
>
> 子贡曰:“文、武之道,未坠于地,在人。贤者识其大者,不贤者识其小者,莫不有文、武之道也。夫子焉不学?而亦何常师之有?”

---

① 《孟子·公孙丑上》。

卫国的这位公孙朝，表面上是打听孔子的老师是谁，其实是怀疑孔子的学问。子贡焉能不知，所以径直回答说，周文王和周武王创立的大道存在于任何地方和任何人之中，只要你有眼光、够努力，就能学得到，未必一定要投奔固定的老师。

陈子禽谓子贡曰："子为恭也，仲尼岂贤于子乎？"

子贡曰："君子一言以为知（智），一言以为不知（智），言不可不慎也。夫子之不可及也，犹天之不可阶而升也。夫子之得邦家者，所谓立之斯立，道（导）之斯行，绥之斯来，动之斯和。其生也荣，其死也哀。如之何其可及也？"①

陈国的这位子禽，采取了更为隐蔽的方式否定孔子，即认为子贡实际上更胜孔子一筹。他满以为这样说可以让爱虚荣的子贡所接受，可没想到却惹怒了子贡。

子贡认为子禽是"不智"之人，脑子有些进水。

子贡指出，孔子是任何人都赶不上的，就好像高天不可能登着台阶上去一样。孔子只是没有机会显示自己的才能，这才让人们误会了他是个普通人。

叔孙武叔语大夫于朝，曰："子贡贤于仲尼。"

子服景伯以告子贡。

子贡曰："譬之宫墙，赐之墙也及肩，窥见室家之好。夫子之墙数仞，不得其门而入，不见宗庙之美，百官（宫）之

---

① 《论语·子张十九》。

富。得其门者或寡矣。夫子之云,不亦宜乎!”

叔孙武叔毁仲尼。

子贡曰:“无以为也!仲尼不可毁也。他人之贤者,丘陵也,犹可逾也。仲尼,日月也,无得而逾焉。人虽欲自绝,其何伤于日月乎?多见其不知量也。”

至于鲁国的叔孙武叔,则显然是孔子的敌对者。在讨好子贡的同时,还直接诋毁孔子之名。这让子贡更不能接受,指斥叔孙武叔是个不知量力的家伙。

子贡形象地说,人们认为我是贤人,是因为我们成就太低,连普通人都能看得一清二楚。孔子的成就如日月一样高峻,那些习惯于在丘陵中行走的人们怎么可以够得着呢?

当然,子贡不仅严肃地维护着孔子的地位,也在对孔子的评价中向神化孔子的方向迈出了坚定的步伐。

所谓孔子“无常师”,所谓“夫子之墙数仞”,只是对寻常人的赞美之辞。而“仲尼,日月也”、“夫子之不可及也”,则明显是超凡脱俗的溢美之词。

根据孟子的说法——

宰我曰:“以予观于夫子,贤于尧、舜远矣。”

子贡曰:“见其礼而知其政,闻其乐而知其德,由百世之后,等百世之王,莫之能违也。自生民以来,未有夫子也。”

有若曰:“岂惟民哉?麒麟之于走兽,凤凰之于飞鸟,太山之于丘垤(dié),河海之于行潦(lǎo),类也。圣人之于民，亦类也。出于其类，拔乎其萃，自生民以来，未有盛于孔子也。”①

这三位弟子的说辞近乎一致，用孟子本人的总结之语来说，就是“自有生民以来，未有孔子也”②。

至于认为孔子大大地贤于尧舜，婉转认定孔子是百世之王，以及视孔子为圣人等等说辞，是在世的孔子想也不敢想的评价，同样是对孔子的造神运动的一部分。

这样的孔子，显然不是平凡之人所能担当。

那么，孔子弟子对老师的高度评价，以及孟子以来的人们对孔子的万般崇拜，究竟是来自凡人孔子，还是来自圣人孔子呢？

或者是来自由俗至雅、由凡入圣的孔子呢？

或者是由平凡而进入平淡的孔子？

这就是本书试图回答的问题。

---

①② 《孟子·公孙丑上》。

第一章 显赫家世，艰难成长

历史上对孔子有许多称谓，从孔子平易近人的品格来看，应该说其中当以“布衣孔子”最为生动形象。

所谓“布衣”，就是粗布之衣。

表面上看，布衣孔子，是说孔子乃平民出身。

往深里究，布衣孔子，是说孔子始终怀有平民的愿望。

用传统观念来说，就是孔子始终有着为民请命的情怀。

孔子以平民的身份来到这个世界，一生致力于为百姓“解倒悬”，为平民呐喊，力求改变普通人的生活处境，提高普通人的精神追求。

这样的社会责任感，既有现实状况的促动，也有历史因素的作用。

在诸多历史因素中，孔子先人的业绩是非常重要的方面。

一、继承先辈遗产

孔子弟子子贡认为,孔子"生也荣,死也哀"[①]。生得很荣耀,死得太悲哀。

在孔子一生的光荣中,先辈的遗产发挥了重要作用。

在传统中国社会,先辈的所作所为,对一个人的成长有着重大影响。

这并不是说先辈的业绩能够直接决定一个人的事业成败,而是说,如果一个人明了其存在的渊源,会在很大程度上决定他肩负什么样的社会使命,做出什么样的业绩。

根据《左传》、《史记》、《世本》和《孔子家语》等相关典籍记载,孔子的先祖可以追溯到商朝之王。

商朝末位之王是有名的纣王,纣王的兄长是微子启。

这位微子启就是孔子的直系先祖。

微子启本是商王帝乙的王位继承人,但由于不是帝乙正妻所生,在帝乙去世后,就把父亲传给他的王位让给了更为强势的弟弟辛(纣王)。

在中国古代,辞让君位的事件时有发生,但是,严格说起来,与其说是主动谦让,不如说是被逼无奈。

据记载,纣王有口才,有智力,有勇力,是一个强梁人物。[②]

微子启谦和有加。

---

① 《论语·子张十九》。

② 《史记·殷本纪》:"帝纣资辨捷疾,闻见甚敏。材力过人,手格猛兽。知足以距谏,言足以饰非。"强梁:强劲有力、勇武之意。《老子·四十二章》:"强梁者不得其死。"

后来，纣王暴虐，微子启劝谏无果，就选择了远离朝政。

这样的两个性格鲜明的人物，当面临帝位的选择时，纣王进而微子退，应该是一种必然。

周武王灭亡商朝之后，按惯例分封了商王后人。

纣王身死名灭，不得代表商人受封。

微子启受封于宋国，商人遗民也集中于宋国。

就这样，微子启成为第一代宋国之君。

微子启，孔子的这位谦和贤达的祖先，由商朝王子，成为周朝诸侯。

说孔子是商朝人之后，或说是宋国人之后，都是可以成立的。

宋国初期，君位的继承一直很平稳，都是直系的孔子先祖们。

到宋国第五代宋湣公去世后，继位却是宋湣公的弟弟熙，即宋炀公，而不是嫡长子弗父何，更不是庶子鲋。

宋湣公为什么不传子而传弟，史书上并没有明确记载。根据当时的相似事件，通常是君主的弟弟比较强势，而君主的嫡长子势孤。

就西周前期政治史而言，所谓“兄终弟及”，与“父死子继”一样，都是合法的君位继嗣方式。这是商朝政治制度的余波，也是向后世完全的“父死子继”方式的过渡时期。

孔子的直系先人弗父何，如同其先祖微子启一样，平静地接受了这一事实。

但是，弗父何的弟弟鲋却更为强势。鲋发动兵变，杀死了叔叔宋炀公，要把君位交到兄长弗父何手中。

与微子启当年的情形一样，弗父何既不能违背父亲的安排，也无力与弟弟的势力相抗衡，就作出妥协，做了宋国的上卿。

于是，孔子的宋国先人由君位的拥有者降格为世袭上卿。

不过，在孔子的先人中，最有政治成就的并不是上述诸人，而是弗父何的曾孙正考父。

正考父依然是宋国上卿，并且有辅佐宋戴公、宋武公和宋宣公等三代君主的功劳，是所谓三世老臣。

据记载，正考父能够一生辅佐三代君主而不败，其“诀窍”就是“三命兹（滋）益共（恭）”。每接受一位君主的任命，对君主的态度愈发恭敬。这种政治哲学和品格，在那个时代是相当罕见的，并因此才被史册大书特书。

通常情况下，地位越高越容易让人骄傲自大，资历越深越容易让人忘乎所以。但孔子的这位先人却是“一命而偻（lóu），再命而伛（yǔ），三命而俯”，一次比一次谦恭。鞠躬的角度，从四十五度，到九十度，到一百三十五度，直到最后的“循墙而走”①，连平常走路都非常在意，不敢走在路当中，以免表现出丝毫的傲慢。

典籍记载，正考父曾经向周天子的首席乐官请教《诗经》中《商颂》部分的诗篇，并进行了校理，然后发表感言：“自古在昔，先民有作。温恭朝夕，执事有恪。”②意思是说，《商颂》的内容表现了自古以来先人们践行恭敬之道的作风，那就是，时刻不忘恭敬有礼，做任何事情都要有操守、有规矩。

上述三位孔子先祖的品格，特别是他们“温良恭俭让”③式的表现，在孔子身上都有明显的继承痕迹。

---

① 《左传·昭公七年》。

② 《国语·鲁语下》。

③ 《论语·学而第一》。

孔子没有做过上卿，更没有做过帝王，但他的政治表现却继承了其先祖的品格。对自己的政治使命有担当，但并不留恋政治权力；在政治角力面前坚持原则，但并不赞成暴力。

不过，正如同孔子的政治生命一样，谦让的政治品格并不能感动阴谋家，而只能使自己在某种特定政治环境下远离现实权力。

孔子的先辈也是如此。在一次次的谦让之后，终于在正考父的儿子孔父嘉之时，这个大家族的世代繁荣走到了尽头。

在一系列政治斗争之后，身为上卿的孔父嘉败给了他的政治对手，他的后人不得不离开宋国，迁居鲁国。

尽管孔子最终成了鲁国人，但对于宋国，对于商朝，却有着深刻记忆。

孔子说："殷礼，吾能言之，宋不足徵也。文献不足故也，足，则吾能徵之矣。"[①]这是说，宋国是殷商文化的继承者。尽管孔子能够讲述殷商文化的来龙去脉，但由于时间邈远，即使在宋国也难以找到直接的证据了。

这样的变化，孔子从他的先人们的足迹中就能得到真切体会。

一个朝代，或一个家世的历史，都会因为时代的变迁而面目全非，但历史文化的接续却是有迹可寻的。

布衣孔子本人虽然平民出身，但并不妨碍他肩负历史文化的使命，正如平凡的人完全可以做出不平凡的事业一样。

---

① 《论语·八佾第三》。

二、接受父母遗训

迁居鲁国之后，经过了木金父、祁父（也称睾 gāo 夷）和防叔三代人的经营，沦为平民的孔子先人终于又踏入仕途。

防叔做了鲁国防地的大夫，即地方行政长官。

这不是高官，也不是世袭之官，但却表明了这个家族始终有一种积极进取的精神。

防叔的儿子伯夏又进入平民行列。

伯夏是孔子的祖父，其子叔梁纥，即孔子的父亲，是鲁国的一位著名人物。

《左传》记载了叔梁纥的事迹。

鲁襄公十年（前 563 年），在一场战斗中，叔梁纥力举正在下落的城门，以方便己方的军士撤出。鲁襄公十七年（前 556 年），齐国军队进攻鲁国的防地，叔梁纥率领三百甲士，把防地的主人臧纥送出被围困的城，然后又返回城中坚守。

叔梁纥是一位勇士。他有勇力，有勇气，屡立战功，并因此而成为鲁国郰（zōu）地的邑宰。孔子虽然没有从军，但他高大的身材，他临危的勇气，他一生的执着追求，显然有父亲的遗传。

《孔子家语 · 本姓解》记载，叔梁纥生有九个女儿，他的妾生有一子，名叫孟皮（后世也称伯尼），却足有残疾，不足以顶门立户。

于是，叔梁纥就求婚于鲁国望族颜氏。

颜氏有三个女儿，最小的叫徵在。颜父很欣赏叔梁纥的勇力，希望结成这门亲事。当时的场面多少有些戏剧性，有可能是后人想象的结果。

颜父问三个女儿:“这位郰大夫的父亲和祖父虽然只是士人,但他的祖上却是圣王的后裔。此人身高十尺,武力绝伦,我非常欣赏他。虽然年龄偏大,生性严厉,但他的为人却没什么可说的。你们三人谁愿意嫁给他?”

对于父亲的问话,大女和二女没有应答,显然是没有看上。

没想到,小女儿徵在坚定地说:“我听从父亲的安排,不必再多问了。”

颜父非常高兴,就把小女儿颜徵在嫁给了叔梁纥。

就这样,颜家小女嫁给了叔梁纥,也成为孔子的生母。

颜徵在这般主见,说明她至少是个性格坚毅的女子,这在那个时代的女性中应该是不多见的。

孔子坚忍不拔的性格,如果说多受母亲的影响,那也是在情理之中的。

三、童年少年磨难

童年和少年的成长经历是人生最重要的阶段。

古人认为,人的童年和青少年时期,从三岁离开母亲的怀抱,到十五岁“有志于学”①,是人的性格形成、品质定性的阶段。

儒家争论的人性善或性恶,并不是指人的生物性,而是说人

---

① 《论语·为政第二》。

的社会性,也就是这一成长阶段所获得的社会性作用的结果。

在这一阶段,人主要是受父母和家庭的影响。

无论是普通人,还是杰出人物,都离不开这一阶段的重要影响。

讲到杰出人物的成长历程时,主张性善论的孟子说过一段著名的话:

> 天将降大任于是人也,必先苦其心志,劳其筋骨,饿其体肤,空乏其身行,拂乱其所为。所以动心忍性,增益其所不能。①

这是说,如果上天打算让一个人承当重大的历史使命,就会从精神、身体和行为等方面对这个人进行最严苛的考验,目的就是培养他坚强的品格,让他的身心达到常人难以达到的高度。

其实,如果我们再站得高一些,就会认识到,任何一个普通人的成长,也都会经历性质类似的磨难和考验,只是程度和方式有所不同而已。

对于孔子来说,这种考验从他出生之前就开始了。

根据司马迁的记载,叔梁纥与颜氏女徵在的婚配是"野合"②的结果。

因为司马迁没有进一步说明所谓"野合"的含义,这个说法一直以来引发着不少争议,直至怀疑到孔子的出生。

"野合"不可以望文生义。

在孔子时代,"野"的本义是指城市和近郊之外的田野

---

① 《孟子·告子下》。

② 《史记·孔子世家》。

之地。

生活在这种地方的主要是农夫，身处社会下层，没有机会接受礼义训练，其言行相对质朴，不加修饰，被称为“野”，这是“野”字的最直接的引申之义。

孔子批评弟子子路说：“野哉，由也！”①使用的就是“野”字的这一引申之意，是说子路的言行有时看上去缺乏文化修养、缺少礼仪规范。

“合”则是合拢和完成之义。

孔子 50 岁开始在鲁国从政，曾经辅助鲁定公参加与齐景公的“夹谷之会”。

在此次盟会的正式会谈中，由于孔子的义正词严，齐景公理屈，没有得利，就要求在盟会之后另外招待鲁定公，意图伺机报复。

孔子意识到齐国人是想另找机会为难鲁国，就提出了反对意见，认为“牺、象不出门，嘉乐不野合”②，强调在朝廷之外的地方不适宜举行正式的宴乐，因为正规的礼器不能携带出朝廷。

在“周礼”的规定中，正式的礼仪不能“野合”，即不能在条件不具备的环境下简陋举行。

这里的“野”就是不合正式规矩的意思，“合”则是举行或完成的意思。

所以，《史记·孔子世家》说叔梁纥与颜氏女的“野合”，是说二人并没有举行正式的婚娶仪式。

据记载，当叔梁纥与颜家的亲事定下之后，“徵在既往”，所

---

① 《论语·子路十三》。

② 《左传·定公十年》。

谓婚娶仪式，也不过只有“庙见”一项。①

颜徵在只是被迎娶到家庙，而并没有在城中举行正式的迎娶之礼，二人就开始了家庭生活。

在进入叔梁纥之门以后，颜徵在清醒地意识到，当务之急是要为叔梁纥生育一个男儿。为此，颜徵在私下里去了郰邑城外的尼丘山，祈祷神灵赐福给她，让她早日实现丈夫的意愿。

颜氏此举当然是受到了当时风俗的影响。

此后不久，颜氏就生下了孔子。

因为祈祷于尼丘山，就以“丘”字为孔子之名，以“尼”为孔子之字。因为孔子有同父异母之兄孟皮，所以取字仲尼。孟、仲是古人为家中之子排序的用字，孟或伯为长子，仲或叔为次子。

孔子的出生，显然是个充满曲折的过程。

孔子的成长，也注定会是个充满坎坷的过程。

孔子是父亲朝思暮想的儿子，但偏偏是父亲年长之后才出生。孔子的母亲并不是父亲的原配之妻。这些因素在那个时代有可能对一个人形成终生影响。

孔子的政治敌手们称孔子为“郰人之子”②。孔子的父亲有名有姓，不称名字而称所在地，是一种明显的蔑视。孔子本人也是姓名俱全，那些人也知道孔子是谁，却故意使用这种隐晦之称，也是显见的目中无人。

这种歧视性的称呼，是公开指出孔子的出身并不高贵。郰地是鲁国的小邑，即使孔子父亲叔梁纥是邑宰，在那些敌视孔子的权贵们看来也是微不足道。

---

① 《孔子家语·本姓解》。

② 《论语·八佾第三》。

所幸的是，孔子心中有道，不跟他们比拼这些，也不在意他们的冷嘲热讽。相反，这样的歧视反而给他提供了进取的动力。

孔子的出生地是鲁国鄹邑昌平乡（今山东曲阜东南尼山附近），时间是公元前551年（周灵王二十一年，鲁襄公二十二年）[①]。

孔子虽然是幼子，但并没有享受到常人所能得到的父母的百般宠爱，因为孔子三岁时，父亲叔梁纥就亡故了。[②]

幼年和童年的孔子，就是一个普通的孩子，并且在某些条件方面还比不上普通人家。

叔梁纥去世后，孔子与其母颜徵在的生活情形已无史料可考。

颜氏是鲁国望族，根据常情推测，母亲颜徵在带着孔子来到当时鲁国的都城曲阜，在颜氏家族中生活的可能性较大。

不过，在孔子时代，颜氏家族已不属于富贵阶层，以贫居著称的孔子高足颜回就是其中的一员。幼年的孔子虽然有母在侧，但生活之艰辛依然可想而知。

孔子成年后自谓“吾少也贱，故多能鄙事”[③]，便可证明其年幼时的困顿生活了。

在当时，“贱”是社会地位低下，“鄙”指琐细之事，“鄙事”

---

① 《史记·孔子世家》。关于孔子的出生年月，史上有各种说法，但时间相差并不大，既不足以影响孔子一生的事业，也不足以影响后人对孔子的认知。

② 《史记·孔子世家》说：“丘生而叔梁纥死。”《孔子家语·本姓解》说：“孔子三岁而叔梁纥卒。”

③ 《论语·子罕第九》子曰：“吾少也贱，故多能鄙事。君子多乎哉？不多也。”

则指体力劳作。

所谓“少也贱”，是说缺乏深厚的家族背景，没有像样的社会地位；所谓“多能鄙事”，是说必须依靠从事低级的劳动来谋生。

颜徵在可能在孔子成人之前就亡故了。相信这对孔子的影响很大。

成年后的孔子（至少从记载上看）从未提及自己的父母，这当中有种种可能，而最大的可能是父母均在他能够确切记事的年龄之前便已谢世。

孔子说：“唯女子与小人为难养也。近之则不逊，远之则怨。”[1]意思是说，那个时代的女性是难以相处的。理由是，如果亲近她们，她们就会桀骜不驯；如果疏远她们，她们又会怨声不断。

由此我们推断，如果他的母亲是让他记忆深刻的超乎寻常的女性，孔子自然不应该说出这样的话来。

当然，我们不宜因为孔子说了这样的话就过度指责他，因为他毕竟生活在他的时代。在他的时代里，女性并没有社会地位，也没有机会参加社会活动，被轻视甚至被鄙视是很正常的。

不过，当我们景仰孔子的成就时，还是要说其母颜氏是位伟大的母亲。她不仅生养了孔子这样的伟人，还能在那样的逆境中孤儿寡母相依为命，使孔子能在颜氏这样的大家族中得到成长。

尽管此时的颜氏可能并不是个显赫和富有的家族，但历史悠长的家族中总有些通晓世故、明于礼义的德高望重者，怜悯这

---

① 《论语·阳货十七》。

个聪颖的孤儿，教以书契礼仪。这使孔子从小就对传统文化有了相当的认知和较深的熏习。

童年的孔子“为儿嬉戏，常陈俎豆，设礼容”[①]，即使是在游戏的时候，也许只是些砖头瓦块，孔子并不是像普通孩子那样扔来扔去、打打闹闹，而是认真地模仿成人们进行祭祀时的所作所为，摆好供品，神情严肃地完成各项礼仪。

孔子童年时的“玩具”是普通而简朴的，比不上贵族子女的奢华，但他的表现却是高贵的，是那些轻视传统的贵族之家无法比拟的。

正是这样的平凡，才造就了日后的不平凡。

真正的不平凡，只能来自平凡。

四、青年有志好学

孔子晚年时回顾了一生的思想历程，即著名的“吾十有五而去于学，三十而立，四十而不惑，五十而知天命，六十而耳顺，七十而从心所欲不逾矩”[②]。

这六个阶梯，都是孔子内心的变化，不受外物的直接左右。

所谓“吾十有五而志于学”，是孔子说自己到十五岁就立志学习了。

① 《史记·孔子世家》。

② 《论语·为政第二》。

“志”是人的内在决断，是一种积极的思想追求，是一种高尚的精神境界。

所以，孔子才说：“三军可夺帅也，匹夫不可夺志也。”①贵为三军统帅，都有可能被外力所改变；然而，即使是一个普通人，他的志向也不会被外力变更。

在世人面前，孔子一生中只肯定过自己的一样事情，那就是“好学”，以学习为爱好。

> 子曰：“十室之邑，必有忠信如丘者也，不如丘之好学也。”②
>
> 子曰：“吾尝终日不食，终夜不寝，以思；无益，不如学也。”③

孔子所谓“好学”，是说在他那里，学习并不是一种外在行为，不是为了博取外在的名声或利益，而是生命的一部分，是生命的延续。所以他才说，像我这样讲求忠信的人并不难找，而像我这样好学的人却并不多见。

或许十五岁左右的孔子尚未达到如此高深的认识，但是，倘若离开“十有五而志于学”，便很难想象孔子以后的作为。

孔子十五岁左右时，父亲早已故去，母亲也有可能永远离开了他，这种生活境遇促使孔子只能过一种普通人的生活。但是，正是在这种比普通人可能更为艰苦的生活条件下，孔子的立志于学才更有价值，更有意义。

---

① 《论语·子罕第九》。

② 《论语·公冶长第五》。

③ 《论语·卫灵公十六》。

孔子以学为伴，使自己走上了人生的正道。

孔子说："性相近，习相远。"[①]人生来虽然具有相同的生物性，但是，不同的成长环境，却又赋予人不同的社会性。二者的有机结合，才会形成完整人格。

"习"是指习染，指环境对人的综合影响。

孔子年轻时的"习"是多方面的。他自称"多能鄙事"，即掌握了下层劳动者的许多劳动技能。根据典籍记载，这些所谓的"鄙事"，大抵是指他在鲁国担任过的下层小吏的经历。

这些经历中，有籍可查至少有管理仓库和牧养牲畜两项。这其中既有管理者的职责，也有普通劳动者所从事的劳作。[②]

孔子有着惊人的身高，[③]用汉代的尺寸长度来衡量，孔子的身高应该相当于现在的一米九左右。即使后人有所夸张，但当时的人称孔子为"长人"即"大个子"的说法也应该是有事实依据的。

这就是说，良好的体魄，诚实的为人，好学的精神，使得孔子把上述两项事务都做得相当出色。

事实上，孔子真正的长处，并非主要是"长人"之长，而是他的以博识好礼为标志的学问之长，而且在他的时代，这是绝大多数人缺乏的长处。

即使是那些自命不凡的贵胄们，那些比孔子更有地位、更有权势的人，在这方面也得对孔子甘拜下风。

孔子三十五岁时，鲁国当权的三大家族之一的孟氏家族的

---

① 《论语·阳货十七》。

② 《孟子·万章下》："孔子尝为委吏……尝为乘田。"

③ 《史记·孔子世家》："九尺有六寸。"《世本·王侯大夫谱》："腰大十围，长九尺有六寸，时人谓之长人。"

首领孟僖子就承认“有达者曰孔丘”[1]。

所谓“达者”乃是通达之人，而“达者”也是后世儒生们追求的人生境界。

在《论语》里，孔子是这样定义“达者”的。

> 子张问：“士何如斯可谓之达矣？”
>
> 子曰：“何哉，尔所谓达者？”
>
> 子张对曰：“在邦必闻，在家必闻。”
>
> 子曰：“是闻也，非达也。夫达也者，质直而好义，察言而观色，虑以下人。在邦必达，在家必达。夫闻也者，色取仁而行违，居之不疑。在邦必闻，在家必闻。”[2]

子张是孔子的晚年弟子，以志存高远著称，故以“达者”为追求。但其显著缺点，是外在气势有余，内在功夫欠缺。

在与孔子的对答中，子张误以“闻”为“达”。

闻者，那些徒有名声的人，“色取仁而行违，居之不疑”，外表上做出追求仁的姿态，但行为却与仁相反，而自己根本没有发觉这有什么不妥之处，所以从不对此种行为产生怀疑。

达者，则是内外一致之人，“质直而好义，察言观色，虑以下人”，本质美好，喜欢道义，在意与己相关的各种环境因素，为人低调处下。

这样的通达显然并非一日之功。

孔子三十五岁时即以“达者”闻名，这样的积累之功，至少也应该是从二十年前的“有志于学”就开始了。

---

① 《左传·昭公七年》。

② 《论语·颜渊十二》。

但是，在当时的权贵阶层整体看来，好学、诚实和肯干并没有什么价值，有价值的只有世袭的政治地位和特权。

有一次，鲁国当权的三大家族之一的季氏家族招待士人，自以为也有“士”的身份的孔子兴冲冲地赶去时，却遭到了季氏家臣阳虎的拒绌，理由是，“季氏飨士，非敢飨子也”①，意思是说，季氏招待的是“士”，而他们认为孔子并没有“士”这个身份和地位。

“士”字的本义是武士，即两军对阵时站立在战车上以重武器进行战斗，或者是担当天子、诸侯的近卫军士，这种身份的武士在周礼的规定中都是贵族出身的人才可以担当。

西周末年以来，随着周天子的权威日益失落，接着又是各国诸侯的大权旁落，本来意义上的武士逐渐淡出历史舞台。

不过，这些贵族武士自小接受文化教育，当他们失去用“武”之地的时候，他们中的一大批人不得不弃武从文、以文求生。

到春秋末期的孔子时代，这些由武士转岗而来的文士已经形成一个社会阶层，成为政府里中下层文职人员的主体。

孔子虽然没有做武士的经历，但父亲叔梁纥却是有名的武士。到孔子这里，孔子的学识在年轻时已经小有名气。这两个因素合在一起，使孔子自然认为自己就是标准的“士”。

但是，当时的权贵们还是更看重贵族出身的身份，而孔子最缺乏的就是这一先天因素，但孔子最看重的却是后天的努力程度和收获。

可以想见，被阳虎拒绌这件事对孔子的打击是相当沉重的。

不过，结合他日后的成就来看，这并非完全是件坏事，而是

① 《史记·孔子世家》。

更促进他努力学习、不断上进，以后天的努力冲击先天的特权。

孔子二十七岁时，郯(tán)子来访鲁国。

《左传》记载说，郯国的君主郯子来访，鲁昭公设宴招待之。

郯国虽然只是当时的小国，并且已经沦落为鲁国的附庸之国，但郯子却是有名的博学之人。所以，席间就有人请教郯子，听说上古时代的少皋氏都是用禽鸟的名字命名官职，不知道这是因为什么？

郯子回答说："吾祖也，我知之。"①

郯子自认为他的家族是上古少皋氏的后人，所以很自信地说，我明白其中的缘由。接着，郯子便详细讲述了上古时代官名的由来和沿革。

年轻的孔子得知后非常兴奋，觉得这样的博学识礼之士正是自己的良师。于是，就去求见郯子，并随之学习。

这是可信的孔子的第一次投师。不过，根据后来的记载，孔子的此次投师问学，时间既短，也不可能如后来孔子与其弟子所做的那样，与郯子建立起真正意义上的师生关系。

郯子那时还是一国之主，不可能招收弟子。

在现存记载中，也看不到孔子谈起这位老师。

子贡也说过，孔子没有过"常师"②。

根据上述郯子所说的内容，孔子所学，应该不外乎古代政治制度方面的知识，也就是孔子所说的"文学(文物典章制度)"的一部分。

这一方面证明了孔子的好学精神，另一方面也说明了年轻的孔子是怀有高远的政治理想的。

---

① 《左传·昭公十七年》。

② 《论语·子张十九》。

这时候的孔子，既无官职，也无地位，但在不断地学习中，已经给自己定下了超凡的志向。

在随郯子学习之后，孔子感叹道："吾闻之，天子失官，学在四夷。犹信。"[①]也就是说，随着周天子权威日损，礼崩乐坏，官学不得不散入四方，进入民间，成为普通人也可以接触到的知识。

在其他人看来，"学在四夷"也好，散于四方也罢，只能让人发出无尽的叹息，甚至还会有人欢呼雀跃，庆幸旧制度的衰亡。但是，在孔子那里，这种文化变迁却使他获得了学习的机会和随之而来的无上的使命感。

经过初步的学习，青年时代的孔子满脑子都是整治天下的雄图大略，但是，此时此刻的他的个人生活情形，除了《孔子家语》所载的一些颇有争议的说法而外，我们几乎一无所知。

就孔子的成长历程来看，在当时也并没有多少奇特之处，更谈不上惊天动地。这基本上就是一个普通中下层平民的平凡经历，并没有明显的不同凡响之处。

但在仔细思索之下，确实有一些潜在因素决定了孔子必然要从平凡走向不平凡。

孔子久远的家世，是他的事业的深沉动力。

孔子身在文化发达的鲁国，成长在一个大家族里，是他立志于学的必要基础。

孔子年轻时遭遇的必要锻炼和磨难，是他坚持自己的思想方向的保证。

立足于凡人，才能走向不凡。

---

① 《左传·昭公十七年》。

第二章 孝敬父母，安定社会

在传统中国社会中，孝道是道德伦常的基础，是家庭和睦的核心。用孔子的话说，“孝弟（悌）也者，其为仁之本与（欤 yú）”①。这个“本”字，本义是指树根，引申为基础的意思。

孝道的形成，除了基本的人伦要求之外，之所以能在传统社会里产生非同寻常的影响，还与传统农业社会有关，而农业社会是中国古代社会发展的基础。

中国古代五千年的文明进程，把农业社会发展到了极致。农业社会能够产生的优长之处，在中华文明中得到了尽情的展现。

农业社会的最大特点，是把人口的流动性降到了最低，大多数人终其一生都生活在一个相对固定的有限空间，个人的生存状况有赖于生活在其中的社会群体的评价，人的道德自觉性至关重要。

与此同时，作为农业生产基本单元的家庭成为社会的细胞，家庭的作用无可替代，家庭的稳定成为社会稳定的基础，而维系

① 《论语·学而第一》。

家庭安定的最有力的纽带就是孝道。

从思想史的角度看，孝道在古代主流价值观的重要地位主要是由儒家思想促成的。

儒家是积极入世的。

着眼于现实，儒家从一开始就认识并肯定了家庭的作用，把家庭作为社会的缩影。由儒家倡导和发展孝道，可谓实至名归。

儒家的孝道，在孔子思想中已经基本定型。

在他的孝道思想中，孔子并没有太多地从理论或学术的角度阐述孝道，而是更多地把他的孝道思想落实在了人们的日常行为之间。

孔子更多的是讲述和讨论孝道的事件或案例，并要求人们结合自身情况，从这些案例中汲取经验教训。

我们在《论语》中了解到的孔子孝道，显然是一套普通人的日常行为准则。

一、孝敬父母是社会安定的基础

随着时代的进步，文明程度的提升，近现代以来，人们逐渐把孝道表述为孝敬父母，但在孔子时代，女性的整体社会地位有限，基本无缘参与社会活动，所以，这个时代的孝道，还主要是指父子关系。

在父子关系中，孔子是把父亲或父辈的地位放在首位的，这有多方面的考虑。

首先，从人群或人类的自然生长规律来看，显然父在先、子在后，父亲在身体和力量方面的优势是儿子在其成长过程中必须依靠的。

其次，父亲的阅历、修养和地位等等后天的社会优势，更是儿子在其成人阶段难以超越的。

最后，上升到家庭、宗族和社会的层面，要维护其安定，必须具有发展的延续性，这也需要后辈更多地服从前辈。

上述这些特点的存在，在当时有着家族发达、社会安定的巨大作用，而这正是孔子的一项重要追求，以至于为此而提出了一些比较极端的主张。

不过，在孝道的具体要求方面，孔子更多地是从常识和日常生活的角度提出的。

在孔子看来，家庭和睦的结果是家族发达，家族发达的结果是社会安定。所以，家庭和睦是第一位的，而家庭和睦的要义，是处理好日常生活中的事情，而面对日常生活，正是孔子思想的最基本的切入点。

这些方面的关注，当形成后世的孝道理论之后，似乎孝道是在普通人的生活之上。其实，孝道理论的基础，就是普通人的普通生活。在孔子那里，这种特点更加明显。这集中表现在孔子表述孝行的具体事件中。

如同回答时人或弟子们请教的所有问题一样，孔子在回答有关孝道的问题时也总是针对发问者的特殊情况进行答复。

孟氏家族是鲁国当权的三大家族之一，孟氏家族的两位人物就向孔子请教过如何尽孝的问题。

一位是孟懿子，孔子的回答是："无违。"

孔子要求孟懿子不要违背什么呢？孔子进一步的解释是，

父母在世之时，要依礼尽孝；父母去世之后，则要以礼举行丧葬之仪。①

孟懿子是鲁国卿大夫，按理说对于父母不应该不遵循礼仪的要求。但是，在孔子时代，各国当权的要人，至少从内心深处已经不愿意遵循“周礼”的要求了，而且他们的违礼之举，不仅表现在政治行为中，也表现在日常行为中。

不用说，当时的孟氏家族之内，这种违礼之风更盛，所以，孔子就利用孟懿子“问孝”的机会，向其严厉提出不要违背礼的要求。

如果说对孟懿子的要求还稍嫌抽象的话，那么，孔子对孟懿子的儿子孟武伯的“问孝”之答，就显得具体多了。

父子都来问孝，极有可能是父子之间在理解和实践孝道的问题上出现了分歧甚至矛盾。

从孔子的回答中可以看到，既然孟懿子对自己的父母有违礼之处，然后，上行下效，孟武伯对自己的父亲也可能有缺乏礼仪的表现，因为孔子对孟武伯“问孝”的回答是，父母生病之时，一定要表现出适度的担忧和关怀。②

孟氏是贵族之家，平时并不缺少生活侍从，生病之时也不会缺医少药，更不会无人照料，这种情形容易让子女们在父母生病时无动于衷。

当然，也许他们本人觉得这是他们自己的事情，但孔子却敏感地意识到这与贵族阶层的无视礼仪密切相关。

孝道必须体现在具体表现上，而在具体表现方面，孔子的要

---

① 《论语·为政第二》：孟懿子问孝。子曰：“无违。……生，事之以礼；死，葬之以礼，祭之以礼。”

② 《论语·为政第二》：孟武伯问孝。子曰：“父母，唯其疾之忧。”

求虽然没有离开现实生活，但却并不局限于现实中看得到、摸得着的具体行为。

当弟子子游问孝时，孔子指出，一般人心目中的尽孝，只是局限于日常赡养，或者说是口体之养。但是，在孔子看来，即使是对于犬和马，人们也能养活得很好。

这样一来，如何才能把赡养父母与养活犬马区别开来，体现人的社会性和人情，体现与社会发展有着直接关联的孝道呢？在这个关键之处，孔子严肃提出了“敬”的概念，强调子女对待父母与对待犬马必须表现出严格的不同。或者说，人与动物的根本区别就在一个“敬”字。[①]

二、精神之养是孝道的核心

“敬”的概念在儒家的修身思想中占有重要地位。

敬，强调的是人的自主性和自觉性。

敬，不受生活环境、条件和方式方法的限制，任何情况下都能表现和流露。

这个概念在孔子之后越来越受到儒生的重视，从孟子、子思之儒，一直到宋明之儒，“敬”的理念非常崇高，代表着一个人修身的境界和高度。

---

① 《论语·为政第二》：子游问孝。子曰：“今之孝者，是谓能养。至于犬马，皆能有养；不敬，何以别乎？”

在孔子时代之前，这个概念并没有受到人们的特别重视，因为当时的人们更强调对神灵的景仰和遵从，更重视行为的外在表现。

孔子对“敬”的强调，以及要求把“敬”融入孝行和孝道之中，在华夏文明的进程中有着划时代的意义。

“敬”的核心在于精神层面，这是人与动物的最重要的区别。

当然，强调精神作用和精神境界的重要性，并不是可以忽视物质生活的重要性。

敬养并不能替代物质赡养，而是强调以敬养主导赡养，在赡养中灌注敬养。只有达到了敬养的高度，赡养才能意义、有价值。

我们已经看到，在孔子对孟氏父子的教训中，已经强烈地发出了这样的信息。

孟氏是显贵家族，他们的父母应该不会缺乏口体之养，而是缺少精神之养。当然，即使是贫穷的普通人家，赡养的水平可能不高，但也不能去掉其中的敬养精神。

在孔子孝论中，对“敬”的解释，或者说是“敬”的另外的一种表述方式是“色难”。

此所谓“色”是指人的面部表情，而在古人看来，面部表情，特别是人的眼神，是无法伪装的。

孟子断言，人的眸子最能表现人的内心世界，且无法掩饰。[①]

朱子则说：“胸中正则神精而明，不正则神散而昏。”这个

① 《孟子·离娄上》：“存乎人者，莫良于眸子。眸子不能掩其恶。胸中正，则眸子了焉；胸中不正，则眸子眊（mào，眼睛昏花）焉。听其言也，观其眸子，人焉廋（sōu，隐藏）哉？”

“神”指的就是眼神。

尽管孟子更强调眸子的表现力，但毫无疑问，眸子只是孔子所强调的“色”的一部分，尽管那是人的面部表情的一个重要方面。孟子说“眸子不能掩其恶”，也是说眸子所表现出来的情绪是无法伪装和掩盖的，正好比“敬”的表现一样。

明白了这些道理，就能够更好地理解孔子与子夏的孝论问答了。

子夏是孔子晚年的著名弟子，当他问孝时，孔子首先以“色难”定下了大的基调。然后，孔子进一步解释说，有两种情况，一般人认为就是孝。一种情况下，长辈有事，晚辈去给做了；另一种情况是，有美酒佳肴了，先让长辈去享用。

显然，在有事、有食的时候，因为有晚辈出力、有晚辈奉献，长辈不必发愁，应该是能够让长辈心满意足了吧？不尽然。因为孔子马上就反问道：这难道就是孝行吗？①

这显然不是真正意义上的全面的孝行。

如上所述，所谓孝行，并不是仅指外在的行为表现，而是必须内外相一致。

在《论语》中，孔子对于某人所问的答复，通常是带有针对性的，即针对问话者的具体情形，做出针对性的回答，而对于弟子之问更是如此。所以，朱子才在《论语集注》中引用程子之语说：“子游能养而或失于敬，子夏能直义而或少温润之色。各因其材之高下，与其所失而告之，故不同也。”

之所以同是问孝，孔子给出的回答却明显不同，程子认为有两方面的原因。

---

① 《论语·为政第二》：子夏问孝。子曰：“色难。有事，弟子服其劳，有酒食先生馔。曾是以为孝乎？”

从内在方面讲，是因为各位弟子的材质不同，学力和理解力也不同；从外在方面讲，就是各位弟子在孝行上都是有所缺失的。

事实上，之所以只有一部分弟子来向孔子请教孝道，就是因为他们的孝行受到了世人的议论甚至诟病。

子游本是吴国人，来鲁国游学，追随孔子，长期不能在父母身边尽孝，所以，子游的孝行只能用“养”来实现，即主要是给父母提供生活物质的供养，无法表现孝道的核心价值“敬”，也就是精神之养、心理之养。

子夏本是方正之士，做事无疑是坚持原则的，所以，对于长辈，尽劳力、先饮食这些基本的孝道准则肯定是能够严格遵守的，但在遵守的过程中也难免流于刻板，缺乏表情和感情方面的投入和沟通。

这两位弟子，虽然在学业上位居孔子后期年轻弟子中的前列，但在做人的精雕细琢方面，还是缺乏对孔子精神的全面把握。

由此可见，弟子们与孔子的差距并不在于完成具体事情方面，而是在于全局性的把握事情的轻重缓急，进而不断地增加灵活性。换句话说，他们容易做事偏于一个或几个方面，所以在分寸和力度的把握上难以达到孔子的水准。

三、日常行为是孝道的真表现

对于孔子孝道的理解和把握，我们在上述行文中的说明稍嫌抽象，似乎并不是每个人都能遇到的困惑。

有鉴于此，在《论语》记载中，孔子也曾主动论及孝道及其具体表现，这为我们从常识的角度把握孔子的孝道提供了最好的素材。

在孔子主动提及的孝道中，有三项原则令人印象深刻：

(1)子曰："父母在，不远游。游必有方。"①

(2)子曰："父母之年，不可不知也。一则以喜，一则以惧。"②

(3)子曰："孝哉闵子骞！人不間于其父母昆弟之言。"③

孔子提出的这三项要求，是对孝行的三种描述，是寻常人等都会遇到的问题。

第一项要求是说，父母在世之时，孝子通常不远行他乡，怕的是让父母操心，以及避免父母一旦有事而无法顾及。

但是，现实生活毕竟是复杂的，有一些出行之事，有可能是不得不去做的。

孔子以其固有的灵活性，又提出了权变原则。

孔子要求，万不得已需要远行时，也要遵循一定的原则，比如向父母禀明，时时捎信给父母报告平安，以及按时回归，等等。

这显然是表现了生活的常情和常理，使孔子的孝道在严厉之余，又洋溢着浓浓的人情味。

第二项要求同样来自现实生活。

---

①② 《论语·里仁第四》。

③ 《论语·先进十一》。

任何个体的生命，既有成长之日，也有衰竭之时。

作为孝子，对于父母的年龄，特别是在他们年事已高之时，一定要心中有数。

因为心中有数，才能更好地照顾他们的生活，更好地让他们安度晚年。

不过，对父母年龄的心中有数又会导致另一个喜忧参半的结果。孔子形象地称之为又喜又惧。

欣喜的是，父母能够达致高龄，孝子能够有机会更多地尽孝；惧怕的是，随着年龄的增加，不祥的日子也在步步逼近。

这就把生活在现实中的孝子们的复杂心情淋漓尽致地表现了出来，让人觉得孔子本人就生活在现实之中，就生活在我们身边。

第三项要求，在《论语》里的表述有些不太直接，文字上有些难解之处。

闵子骞，孔子的著名弟子，其孝行在中国古代影响极大。儒家传统“二十四”孝的一个著名故事“芦衣顺母”，讲的就是闵子骞的故事。“閒”字是存有异议的意思。

闵子骞“芦衣顺母”的故事在历史上和民间有种种版本，一些地方戏剧则名之曰“芦花衣”等等。

综合各种版本，这个孝子的故事讲的是，少年闵子骞的生母去世后，其父续弦，随即又生下一子。

如同生活中的许多实际发生的故事一样，闵子骞的继母更宠爱自己亲生的孩子，当然就使闵子骞陷入了种种不幸之中。

一个寒冷的冬季，闵子骞的父亲在无意中发现，小儿子的棉衣相当厚实，而大儿子的棉衣很是单薄。

闵父大怒，马上就要休妻。

让人完全没有想到的是，正当人们庆幸闵子骞可以脱离继母虐待的苦海之时，闵子骞却挺身而出，不是指责做继母的偏心，而是劝说父亲收回成命。

闵子骞劝说父亲的话相当经典，那就是“母在一子单，母走二子寒”。

继母尽管偏心，但眼下也只有一个儿子受虐。如果将继母逐走，父亲再续弦，就有可能两个儿子都受虐。

闵子骞的这份孝心确实是难能可贵。不仅挽救了继母，也使父亲避免了再次出错的可能。此可谓是从内心里虑及了父母的境遇和感受，完全符合孔子对孝道的定义。

这样的故事，有可能在细节上有一些夸张，但大的方面还是可信的。

闵子骞的孝行应该不止这一处，但即令是这一处，也足以让孔子认为，闵子骞之孝已经到了无以复加的程度。

不过，孔子举出的理由是，即使是他的父母兄弟站出来夸赞他的孝行，外人也不会有所怀疑。

按照常理，父母兄弟在表扬自己的儿女弟兄时，总是难免有些夸张，外人听了也总要打一些折扣。但在闵子骞这里却完全不同，他的亲人怎么夸他，大家都能完全相信。

孔子从这个独特的角度来肯定闵子骞之孝，既遵循了常识，又超越了常识。

把上述孔子所列举的孝道之例提升一步，很容易就会得这样的结论：孔子的所谓孝子，就是能以父母之心为心，从父母的角度看待父母与子女的关系。这样的要求其实并不高，只是一般人难以注意到而已。

子女对父母之孝之爱，必是诚敬至极，到了不能自已的时候，才会自然生发出“又喜又惧”的情感。

从闵子骞的例子来看，真正的孝行是一个日积月累的过程。只有足够地积于内，才能切实地发于外，最终得到社会的认可。

由此可见，孝行并不是来自某种教条，而是来自现实的实践和日常的行为。

正是平凡的日常生活，才能造就出鲜活而扎实的孝行，才能形成千古不废的孝道。

正是平凡的孔子，才能深刻体会平凡的生活，才能升华平凡的真理。

四、现实困境是对孝道的真考验

如同任何事物和任何道理一样，有正面就会有反面，有积极面就会有消极面，有顺境就会有困境。

孔子的孝道，虽有增进个人修养、维护家庭和睦和推动社会安定的积极作用，但在实践中也遭遇到了难以逾越的各种困境。

从孝道的字面意思来看，似乎是对子女的要求更多一些、更明显一些。但在日常生活中，孝道的落实肯定不止是子女一方的事情。

从很多方面来看，要让孝道落到实处，让孝道真正起到其本该有的作用，父母的作用和地位比子女的更重要。

如前所言，从自然发展和社会进程的角度看，父母比子女更早，更成熟，更有优势，也更有主动性，这一方面可以要求子女的顺从，但另一方面则必须要求父母的率先垂范作用。

我们不得不承认，没有什么能够保证所有的父母都是合格的，只是从孔子孝道的角度来看，孝子不宜怀疑和批评父母的言行而已。

孔子中年时曾到齐国求仕，与齐景公有过一场著名的对话。

对话始于齐景公的“问政”，也就是齐景公向孔子请教如何治理国家的问题。孔子答以“君君臣臣，父父子子”①，认为照此“八字方针”办事，国家政治就不会有问题了。

孔子特意使用了同字重叠的方法。两个相同的字组成句子，前一个用为名词，后一个用为动词。比如“君君”、“父父”，就是强调做君主的要像做君主的样子、做父亲的要像做父亲的样子，臣、子亦然。

更重要的是，君在臣前，父在子前，说明在孔子看来，君和父是主动的一方，应该以其榜样的作用，影响和带动臣和子按照对臣和子的要求去行事。

这样一来，就出现了一个重大问题或难题。

那就是，一旦“父不父”，有没有理由“子不子”？也就是说，如果父母不能尽其职责，子女是要继续顺从，还是要适当抗争，甚至彻底对着干？

对此，孔子的意见是，如果父母有过失，要选择适当的机会和言语，微微地加以劝谏。如果劝谏没有效果，子女依然是保持“敬”，要继续操劳尽孝，而不要违背父母之志，不要怨气冲天，以期寻觅更合适的机会和方法，直到父母接受。②

---

① 《论语·颜渊十二》。

② 《论语·里仁第四》：子曰：“事父母，几谏。见志不从，又敬不违，劳而不怨。”

这确实是个难题。

孔子遇到了，但解决得并不尽如人意，因为现实太复杂了。

孔子总体的意思是，不能在要求子女尽孝的同时，又去要求父母的作为。这个出发点是好的，但是，要把握好这个分寸，也着实有难度。

孔子孝道所遭遇到的这个困难，在孔子与楚国有名的政治家叶公的一场对话中达到顶峰，也成为自古以来所有主张儒家孝道的人士必须面对的一个重大问题。

孔子在其周游列国的后期曾经到过楚国，有记载说是受到了楚国君主的邀请。

在楚国叶地，行政长官叶公遇到一个难题，想听听孔子的意见。

叶公说，我们这地方有个名叫直躬的人，他父亲"攘羊"，他就到我的官衙里来告发他父亲。

叶公所谓直躬，很可能是个假设的人名，意思是正直而行的人。这样一来，叶公的问话就很可能是一种假设的情形，目的是为难孔子，给孔子的孝道出难题。当然，也有可能是叶公确实遇到过这方面的真实问题。

所谓"攘羊"之"攘"，并不是简单意义上的偷窃，而是古注所说的"凡六畜自来而取之，曰攘也"。

意思是说，有羊从别人家的羊群里走失，跑到了直躬父亲的羊群里，直躬之父明知不是自家的羊，却强行留了下来，这就是"攘羊"。显然，"攘"与一般所说的偷窃在性质和程度上有所不同。

但这并不是问题的关键。

问题的关键是，父亲做了不当之事、不体面之事，甚至是作奸犯科之事,儿子应该怎么办?

叶公是行政官员,当然欣赏任何人对任何不法之事的告发,包括儿子告发父亲。

然而,孔子的答案却不同。

孔子不会不明白叶公的故意刁难之意,所以回答得很干脆,也很客气。

孔子说,在我们家乡,正直的人不会这么做事。

孔子心目中的直躬之人是如何行事的呢?

那就是,父亲要为儿子隐瞒,儿子要为父亲隐瞒。

孔子肯定地说,这当中自然就体现了正直。[①]

对于孔子与叶公的这场著名的争论,有一种最简单的看法,认为是法律和道德之争。这种观点不能说不对,但未免失之于肤浅。

孔子思想与叶公的观点明显对立,但二者的区别不在对与错,而在于看问题的视角和主要的关注点不同。

作为政府官员或执法者,叶公们只在意事情的合法与否,更深一层,也不过是关注社会的秩序和安定而已。

但是,在政治思想家、教育家和伦理学家那里,关注的核心是社会良知和道德底线,是社会的内在和谐。

如果说孔子也关注法律的话,他更多地关注立法精神。

叶公们认为,一种行为,错就是错,对就是对;合法就是合法,违法就是违法。

---

① 《论语·子路十三》:叶公语孔子曰:“吾党有直躬者,其父攘羊,而子证之。”孔子曰:“吾党之直者异于是。父为子隐,子为父隐,直在其中矣。”

孔子认为，如果一个人失去了孝敬，没有了孝心，他就失去了做人的底线。一个不孝之子，即使他行为合法，也是社会的潜在危害。更重要的是，与抓住一个攘羊者相比，褒扬一个仇父者，对社会的伤害是更长久、更深远的。

也就是说，一个孝子，即使行为会违法，也是社会的良知所在；一个不孝之子，即使守法，也是社会的危害所在。

孝子的违法是偶然的，有益社会是必然的；不孝之子的守法是偶然的，危害社会是必然的。

孝子的违法是短暂的，有益社会是长期的；不孝之子的守法是短暂的，危害社会是长期的。

那么，在普通人的生活中，果真看到父亲做了错事、坏事，孝子应该如何对待？让我们看看孟子讲述的故事。

弟子桃应请教孟子说，在大舜做天子的时候，皋陶做法官。就在这个时候，大舜的父亲瞽瞍杀人犯法了，皋陶应该怎么办？

孟子的回答很简明，皋陶应该把瞽瞍抓起来。

法官眼中只有法，不应该有天子的人情。

桃应抗议说，这怎么行？尽管瞽瞍的名声不佳，行为不端，但他毕竟是天子之父啊！

孟子还是从法官的角度说话，认为法官抓捕杀人犯，是完全合法的，天子也不能干涉。

这时候，真正的问题才出现了。

其实，桃应想问的问题是，眼看父亲犯了重法，就要被抓，大舜能做的是什么？

孟子的回答完全出乎人们的预料。

孟子说，面对这样的现实，大舜会把天下看得一文不名。

具体说来，大舜会悄悄地背负着父亲，跑到海边隐居终身，快乐得早把天下抛到脑后了。[①]

孟子对桃应的回答，比孔子对叶公的回答，自然生动许多，但其精神实质却是相同的。

大舜和孔子都不会跟法律对抗，但也不会失去做儿子的基本孝行。

大舜并不认为杀人有理，孔子也不认为攘羊正确，但他们都选择了对社会更有责任心和更有价值的做法。

在叶公和皋陶那里，只知有法；在大舜和孔子那里，却认为有比法更重要、更根本的东西。

即使是一个普通人，没有孝行，不循孝道，即便不犯法，也没有资格做人。

身为天子，当然要守法；身为孝子，更应该尽孝。

就孝行和孝道而言，孝是做人的基础，孔子说是“仁(人)之本”[②]，“本”的本义是树根，也就是基础。

任何一个社会，如果道德基础不复存在，只求通过法律维护安定，这个社会是很危险的，因为其基础是很脆弱的。

这并不是说道德与法律是天敌，而是说，如果真的出现了叶公设想的冲突，作为个人，维护社会的道德底线就更为重要了。

孔子和孟子的思想，是得之于普通人的日常生活，即常情。他们本质上是普通人或凡人，他们的思想就是从凡人的常识中生发出来的。不同的是，他们对自己得之于凡人、凡事的思想不

---

① 《孟子·尽心上》：桃应问曰：“舜为天子，皋陶为士，瞽瞍杀人，则如之何？”孟子曰：“执之而已矣。”“然则舜不禁与(欤)？”曰：“夫舜恶得而禁之？夫有所受之也。”“然则舜如之何？”曰：“舜视弃天下，犹弃敝蹝(xǐ)也。窃负而逃，遵海滨而处，终身䜣(欣)然，乐而忘天下。”

② 《论语·学而第一》。

断升华，直至超越平凡，然后布之于天下。

五、“三年之丧”由凡到圣

孔子在世时，他的某些弟子就对孔子的孝道提出了疑问，并把这样的疑问集中在了孔子倡导的“三年之丧”的主张上。

孔子主张的“三年之丧”，就是为父亲守丧三年的要求或规定。

孔子认为，对于孝子来说，父亲在世时，要按照父亲的意志行事；父亲去世后，要遵照父亲在世时的行为准则去做事，并且这种遵循至少要坚持三年。①

孔子虽然没有确认“三年无改”就是“三年之丧”，但这两个“三年”在时间上是完全重合的，应当被视为对同一件事情的不同角度的说法。

对于为什么一定要有“三年”的坚持，后人颇感困惑不解。

朱熹在《论语集注》中的观点是：“必能三年无改于父之道，乃见其孝。”意思是说，三年时间是一个必要的时间段，非有这段必要的时间考验，不足以证明一个人的孝行。

但是，朱子同时又引用了另两位学者的观点。

一位认为，“三年无改者，孝子之心有所不忍故也”。

---

① 《论语·学而第一》：子曰：“父在，观其志；父没，观其行。三年无改于父之道，可谓孝矣。”

另一位认为,“三年无改,亦谓在所当改而可以未改者耳”。

这都是认为,三年不改父亲之道,主要是出自孝子之心,并不是说父亲之道本身就是不可以改变的。

换句话说,父亲在世时的一些做法,在他去世后本来是应该改变的,但为了尽孝,就没有去改变。

这样的理解虽然也能自圆其说,但恐怕并不是孔子的本意。

不过,这也充分说明,三年无改也好,守丧三年也罢,自古以来就一直引发着人们的异议,而孔子弟子宰予更是把他的疑惑直接摆在了老师面前。

如果我们仔细研究孔子弟子的情形,就会注意到这是个充满活力的群体,而最能够体现其活力的就是有像宰予这样的持不同见解者的存在。

在某个场合,宰予婉转指出,要求孝子守丧三年,在时间上有些太长,因为这三年会耽误太多正事儿。

宰予认为,守丧一年就正好了。

其实,宰予如此主张,还有现状和习俗的原因。

就在孔子时代,或者再晚一些时候,直到孟子时代,完全守丧三年的情形在社会中确实难以得见。

滕文公父亲去世后,曾向孟子咨询守丧时间的问题。

孟子豪言:“三年之丧……自天子达于庶人,三代共之。”这显然源之于孔子所谓“三年之丧,天下之通丧”①的主张。

但是,滕国的官员们却提醒滕文公说:“吾宗国鲁先君莫之行,吾先君亦莫之行也。”②当时,滕国是鲁国的附庸国,所以称鲁国为宗主之国。

① 《论语·阳货十七》。

② 《孟子·滕文公上》。

就连保存周礼最完整的鲁国，其君主们也没有守过“三年之丧”。这就说明，“三年之丧”只是一种理想的制度，并未在现实中实行开来。

不得已，滕文公只好平衡各方意见，守丧五个月作罢。

根据《孟子》的这项记载，证明鲁国历史上和现实中，都没有人遵守过“三年之丧”的规定，更不用说“三年之丧”极有可能是孔子对周礼的个人理解或者个人的礼仪发明。

不过，孔子是原则的坚守者，是为理想而献身的志士。

既然他认为“三年之丧”的规定是正当的，就应该不遗余力地奉行和维护。

面对宰予的质疑和建议，孔子提出的根据是相当人性化的。

孔子认为，人的个体生命，从降生之日起，三年以后才能离开父母的怀抱，所以要用守丧三年作为回报。

一个真正的孝子，守丧三年期间尚且寝食难安，怎么能安心只守丧一年呢？

可是，宰予的回答异常干脆：一年能够心安！

到了这个时候，孔子的“三年”之说确实只能从情感上做文章了。从道理上无法说服人，孔子也只好批评宰予的“不仁”了。①

“三年之丧”或“三年无改”确实是孔子所规定的孝行中的败笔。以“子生三年，然后免于父母之怀”为根据，明显牵强，只

① 《论语·阳货十七》：宰我问：“三年之丧，期已久矣。君子三年不为礼，礼必坏；三年不为乐，乐必崩。旧谷既没，新谷既升，钻燧改火，期可已矣。”子曰：“食夫稻，衣夫锦，于女(汝)安乎？”曰：“安。”“女(汝)安则为之！夫君子之居丧，食旨不甘，闻乐不乐，居处不安，故不为也。今女(汝)安，则为之！”宰我出。子曰：“予之不仁也！子生三年，然后免于父母之怀。夫三年之丧，天下之通丧也。予也有三年之爱于其父母乎？”

能说明孔子倡导孝道的用心良苦。

在中国传统文化中，对“三”有一种神秘崇拜，几乎所有用数字概括的事物中，不是“三”本身，就是三的倍数。

为什么崇拜“三”？直观的答案可能是天、地、人所谓“三才”的观念在起作用。

《论语》多用“三”，用“三”组成的词语随处可见，如“三人行”、“三省吾身”、“三月不知肉味”等等。但是，在孔子时代，并没有天、地、人对举的所谓“三才”之说。

从哲学的角度来看，应该说，所谓正、反、合，即一正一反之后达之于完成，才是哲学家孔子的思考。

在孝子守丧的时间上，孔子没有选择三的倍数，而只是选择了最小的“三”本身。

孔子的这种选择，我们不知道是不是受到世俗崇拜“三”的影响，但是，容我们再次强调，他所坚持的婴孩出生三年才能离开父母的怀抱的说法显然并不是充足的理由。

这样一来，孔子选择三年，其思想基础只能是想与凡俗的要求寻得一种平衡。

纵观孔子一生，他总是想在凡俗的基础上超越凡俗，把人的修养和人生的质量作一种明显的质的提升。在这方面，当然有成功的例证，但也有失败的教训。

孟子说，孔子去世后，他的弟子们为老师守丧三年，而弟子子贡则守丧有六年之久。① 这可以说是对孔子坚持“三年之丧”的一种慰藉，但也正是由于这种慰藉，才开启了使孔子从凡人走

---

① 《孟子·滕文公上》：“昔者孔子没，三年之外，门人治任将归，入揖于子贡，相向而哭，皆失声，然后归。子贡反，筑室于场，独居三年，然后归。”

向圣人的先河,开始了对孔子的神化。

对于孔子的孝论,不管后人持有什么样的意见,也不管是什么样的时代,家庭的存在与和睦,至少在历史的昨天和今天,都是必不可少的。

一个最简单的推理就是,如果有这样一个人,他连自己的父母都不容,怎么能容得下其他人?

尽管我们对孔子孝道的某些具体要求可能会持有异议,但孔子或儒家的孝道和孝行的积极作用,已经被全世界所认可。

经过了几十年的挣扎,正在走向世界的中国,也在重新拥抱孝道。家庭依然是社会的细胞,个人依然不能独活。

我们能否也像孔子一样,就从寻常的生活出发,从平凡人的诉求出发,在新的时代,为孝行和孝道开辟新途径,上升新境界?

第三章 呵护子女,关怀青年

孔子孝道成立的基础,是孝行可以维护家庭和睦、促进社会安定。

这使我们有理由相信,孔子应该有一个和睦的家庭。

但遗憾的是,在有关史籍记载中,谈及孔子家庭生活的内容相对贫乏。

不过,就是通过那些相对贫乏的记载,我们也能够大致了解到孔子呵护子女日常生活、教育后辈成长的一些情形。

从这些方面,我们既能看到凡人孔子的寻常一面,也能真切体味伟人孔子的特别之处。

一、平凡的父亲

《孔子家语·本姓篇》说,孔子十九岁时迎娶宋国的亓(qí)官氏之女为妻,次年得子,取名鲤,字伯鱼。

古人的名和字都有联系。有记载说，孔子生子时，鲁昭公送来一尾鲤鱼贺喜，所以才以鲤、鱼命名用字。

平心而论，孔子生子时，还是一个普通平民的身份，尽管当时的鲁公已经不是鲁国最有权势的人，但要给一位二十岁的年轻人祝贺生子，应该是比较牵强的说法。

孔子还有一个女儿，想必也是这位亓官氏夫人所生。

伯鱼既是孔子的至亲之人，也是他的学生。孔鲤追随孔子周游列国，先孔子而亡，并不存在传承孔子之学的问题。更重要的是，从《论语》记载的情形来看，伯鱼算不上是孔子的杰出弟子。

《论语》两处记载了孔子与伯鱼的对话。一次是间接记载，一次是直接记载。

由于孔子的学问之深和人格之高，包括他的一些弟子，都难以了解到一个完整的孔子。特别是在孔子晚年，一些年轻弟子更是不知道从何下手去了解自己的老师。在这些弟子的想象中，老师对于自己的儿子必有不同于其他弟子的教育之道和教导之方。

于是，在某个场合，弟子陈亢向伯鱼问道："子亦有异闻乎？"意思是说，按照常理，伯鱼应该能够从孔子那里听到不同于其他弟子的学习内容。

没想到，伯鱼的回答相当从容，"未也"。从未发生过陈亢推断的事情。

为了证明父亲未曾以"异闻"授予自己，伯鱼以事例证之。

有一次，孔子独自站立在庭院，伯鱼正好从院子里走过。孔子把儿子叫到跟前，问他："学《诗》乎？"就是说，今天学习过诗篇了吗？

伯鱼的回答是，今天还没有读过呢。

孔子马上以严厉的口气说："不学《诗》，无以言。"不好好学习诗篇，你用什么跟人家说话呢？

这是强调学习诗篇的重要性，并不是说伯鱼根本没有学过诗篇，也不是说诗篇学过或读过一遍或几遍就可以放下。

《诗》（后世称《诗经》）有三百多篇，内容涉及社会生活和人生得失的方方面面，堪称百科全书，也是当时中上层社会人士在正式场合交谈中必须掌握的语词内容。在重要的外交场合，一些委婉的要求甚至必须以诗句来表达。

《论语》中的孔子非常重视《诗经》。这本书在后世成为儒家最重要的经典之一，所谓"五经"之中有之，"十三经"之中有之，与孔子对它的重视有着直接关系。

孔子对《诗》的价值有全面的简明概括——

> 子曰："《诗》三百，一言以蔽之，曰：'思无邪。'"①

孔子的"思无邪"，是说《诗经》中的诗篇虽然主题各异，但创作动机都是一致的，即"无邪"，没有邪念，都是教人积极向善的。

> 子曰："诵诗三百，授之以政，不达；使于四方，不能专对。虽多，亦奚以为？"②

所谓"诵诗三百"，是说假如你能够诵读或背诵全部诗篇。

---

① 《论语·为政第二》。

② 《论语·子路十三》。

所谓“授之以政，不达”，是说一旦有机会治国理政，你却不能贯彻诗篇里的思想。

所谓“使于四方，不能专对”，是说在重要的外交场合，你不能用诗句作出独立的正确对答。

如此一来，孔子认为，你的“诵诗三百”就毫无价值了。

这反映了在孔子时代，一个从政者，在各种政治场合都需要通达诗篇。既要明白对方用诗句表达的意思，也要用诗句做出正确的对应。

事实上，从《左传》的大量记载中，还能够清晰地看到，在孔子时代，有文化修养的士大夫们，确实非常喜欢用诗句表达自己的意见和思想。

这样做，表面上看是遵循古代贤人之说，但在很多情况下，却是委婉表达政治诉求，并表现自己的才智和风度。

正是在这样的社会和文化背景下，孔子才断言，一个不学《诗》的人，是没有说话的资格的，也是不明白应该说什么的。

伯鱼听罢，马上“退而学诗”①。赶快离开父亲，到学习的地方去认真学习诗篇了。

如果说这个例子还不能说明问题，那么，伯鱼接着又讲述了一个几近相同的场景。

某一天，还是孔子独处院中，又遇到伯鱼从院子里经过。

父亲又问儿子，今天学习过礼仪了吗？

儿子回答父亲，还没有呢。

父亲训斥儿子：“不学礼，无以立。”

---

① 《论语·季氏十六》。

儿子“退而学礼”①。

此所谓“立”，近乎孔子自我评价的“三十而立”②。

“不学礼，无以立”，是说如果不能练达地学会周礼所要求的礼仪，就无法立于当世，无法正常而体面地生存在社会之中。因为“礼”是规矩，是与他人正常交往，从而受到他人尊重的生活平台。

通过伯鱼所描述的两个场景，我们至少可以有两个推断。

一个推断是，伯鱼并不是孔门中的好学之人，至少也不能算天资聪颖之人。尽管伯鱼说话的重点是父亲对自己的严格要求，但所要求的内容在孔门的教育中应该算是比较初级的。

另一个推断是，尽管伯鱼并非孔门中的优等生，但其对话的水平还不算太低。他没有简单地回答同门陈亢的疑问，而是以事实说话，证明了父亲对自己既不乏关爱，也不乏严厉。

这场看似无关紧要的对话，如果把握不好分寸，很容易在孔子弟子中间造成恶劣影响。

所以，伯鱼一方面强调了“独立”，即当时只有父子二人，如果有什么“异闻”，这无疑是最佳场合。另一方面，伯鱼也没有忘记以“闻斯二者”作结束，强调了除此之外，身为老师的父亲没有跟他说过其他。

这样的父亲，平凡而不凡，不凡而又平凡。

看起来，伯鱼虽然没有做出不凡的业绩，但在理解凡人父亲的方面，却是“言”得准、“立”得稳，没有辜负父亲的教诲。

所以，弟子陈亢在结束与伯鱼的谈话之后，很高兴地逢人便

---

① 《论语·季氏十六》。

② 《论语·学而第一》。

说，我本来是问一件事情，却有了三份收获。

哪三份收获呢？

“闻《诗》，闻礼，又闻君子之远其子也。”①

知道了诗篇的实质是什么，知道了礼仪的实质是什么；更重要的是，知道了身为君子要跟自己的儿子保持理性的距离。

到后来，孟子甚至说：“古者易子而教之，父子之间不责善，责善则离。”②意思是说，家长之间要交换着教育子弟，唯恐因为不自觉地对儿子进行过度严格的要求，致使父子关系变得紧张。

这显然是对孔子的相关教育主张的一种发展。

从弟子陈亢和其他弟子的角度来看，所谓“远其子”，就是说，在教书育人方面，孔子对待自己的儿子，与对待其他弟子无异。

这是因为，在学习知识、修养道德方面，儿子的身份并不会有特权。孔子深谙这一点，这才会“远其子”。

或者如孟子所言，一旦“近其子”，不仅有可能招致其他弟子的猜疑，对父子关系也容易产生负面影响。

这是一位凡人父亲必须要做到的。而正是因为做到了这一点，并且坚持不懈，一位平凡的父亲才变得不那么平凡。

《论语》中还有一章正面的记载，与伯鱼讲述给陈亢的事实正好相互印证。

还是关于读《诗》。

孔子先是询问儿子：你认真研习了《周南》和《召（shào）南》了吗？

---

① 《论语·季氏十六》。

② 《孟子·离娄上》。

不管儿子的回答是什么，孔子语重心长地告诉儿子，一个人，如果不去研习《周南》和《召南》，就相当于“正墙而立”①，面对高墙而站立。

什么是“正墙而立”呢？古人解释是，“一物无所见，一步不可行”。生动而形象的解释。

现存《诗经》由三大部分组成，顺序为《风》、《雅》、《颂》。

《风》是采自民间的歌谣，朝廷以此来了解风俗民情。

《雅》是士大夫的作品，可以观察士风和政风。

《颂》是庙堂之作，国家之乐，表现天子的政治走向。

《周南》和《召南》是《风》中的第一、二部分，共有25首诗。

也就是说，孔子所强调的《周南》和《召南》是《诗经》起首的25首歌谣。这有两种可能，一是用《周南》和《召南》的名称代指全部《诗》，一是强调这两部分是《诗经》中相对易懂易读的部分，更有起始的意义，更适合初学者或学力较差者学习。

从这两部分25首诗的内容来看，都在孔子对《诗》的描述范围之内。

> 子曰：“小子，何莫学夫诗？诗，可以兴，可以观，可以群，可以怨。迩之事父，远之事君。多识于鸟兽草木之名。”②

在孔子看来，诗篇的作用是多方面的。学生们去研习诗篇，自然可以有多方面的收获。

---

① 《论语·阳货》：子谓伯鱼曰：“女（汝）为《周南》、《召南》矣乎？人而不为《周南》、《召南》，其犹正墙面而立也与（欤）？”

② 《论语·阳货十七》。

从个人的角度看，可以抒发感慨，可以观察得失，有助于与人相处，甚至可以发泄怨气。

从社会的角度看，既有助于侍奉父母，也有助于侍奉君主。如果对政治没有兴趣，至少还能从中学到自然常识。

传统上认为，上述内容都是所谓“修身齐家之事”，而我们也感觉到，这应该是孔子学说的入门之处。

孔子以《周南》和《召南》要求伯鱼，足见孔子只是以一个普通父亲的身份教育儿子。

综合来看，身为父亲的孔子，对于唯一的儿子，要求并不算高。身为教师的孔子，也没有因为伯鱼是自己的儿子，就把伯鱼在学生中抬举得多高。

因为他了解儿子的才情，并不作过度的要求。这是一位平凡父亲之所为。

孔子既没有与儿子探讨过高深的学问，也没有要求和推荐儿子去从政。他深知，这是儿子做不到和做不好的事情。

一位平凡而理性的父亲。或许孔子只是希望儿子能过上普通人的安定生活就足够了。

可惜的是，孔子并没有实现这样的愿望。

孔鲤追随父亲周游列国，也力图有所作为，至少路途中能够照顾好孔子。

不幸的是，游仕途中恶劣的境遇，过早地夺走了儿子的生命。用民间的说法，孔子经历了白发人送黑发人的伤痛。

这是一位平凡父亲不应该有的困苦，但孔子遇到了。

失去儿子的日子，孔子是如何度过，我们不得而知。但愿孔子能够以一位平凡父亲的心态去面对。

二、慈爱的家长

孔子中年失子的伤痛，《论语》中只有间接记载。

> 颜渊死，颜路请子之车以为之椁。
>
> 子曰："才不才，亦各言其子也。鲤也死，有棺而无椁。吾不徒行以为之椁。以吾从大夫之后，不可徒行也。"①

颜路是颜回的父亲，名无繇，也是孔子的学生。他们父子二人追随孔子周游列国，颜回不幸去世于途中，颜路也遭受了与孔子相同的丧子之痛。

根据当时的丧葬习俗，死者以棺椁入殓，椁是外棺，棺是内棺。

但是，周游列国途中的孔子一行，多半时候物质条件匮乏，有时甚至连吃饭都成问题，根本没有条件以棺椁下葬颜回。这听上去很是让人伤悲，但实际情况如此，谁也无奈。

可是，颜路爱子，并且觉得颜回是孔子最喜爱的学生，应该为颜回做些什么，即使可能会有些过度。所以，颜路就请求孔子，能不能把孔子的乘车卖掉，为颜回买椁。

这样的要求，乍听之下也有道理，以至于一下子把孔子也陷于难以作答之中。情急之下，孔子只好以实情答复。

实情之一，儿子伯鱼先颜回亡故，当时的条件也不好，也是

---

① 《论语·先进十一》。

有棺而无椁。

实情之二，孔子用车，不仅仅是为了代步，更重要的是需要与各国政要交往，以求得到从政的机会，而这样的交往中，用车是必要的礼仪。

从结果上看，卖车买椁显然没有实现。

但让我们真正受到思想震撼的，是孔子的那句话，“才不才，亦各言其子也”。

这说的是，虽然在才情上伯鱼不及颜回，但从做父亲的角度看去，都是慈父眼中的爱子，理应一视同仁。

从父子人伦上看，孔子与颜路是同样的寻常父亲。

与所有平凡的父亲一样，爱惜子女是他们的天性。

事实上，在孔子那里，伯鱼是他的儿子，颜回也是他的儿子。

《论语》记载：

> 颜渊死。
>
> 子曰：“噫！天丧予！天丧予！”
>
> 颜渊死，子哭之恸。
>
> 从者曰：“子恸矣。”
>
> 曰：“有恸乎？非夫人之为恸而谁为！”
>
> 颜渊死，门人欲厚葬之，子曰：“不可。”
>
> 门人厚葬之。
>
> 子曰：“回也视予犹父也，予不得视犹子也。非我也，夫二三子也。”①

---

① 《论语·先进十一》。

所谓“天丧予”之“丧”，当有抛弃和消灭之意，足见颜回在孔子心中的地位，以至于只有颜回的去世才让孔子“恸”，即哀伤过度的意思。

至于厚葬颜回之事，孔子的内心是极度矛盾的。

从爱惜颜回之才、哀痛颜回之死来说，厚葬是应该的；但从实际情况和礼仪的本质来看，厚葬又是过度的。在此矛盾背景下，孔子的一句“颜回视我如父，我无法视其为子”的哀叹，真是对人心的最沉重的撞击了。

孔子的杰出弟子众多，史上无有出其右者；孔子与颜回情深如子，弟子中无出其右者。

在孔子与颜回的关系中，有理性的促动，更有人性和人情的基础。

在一则记载中，周游列国途中的颜回与大家走散，因为周游途中多遇战乱，颜回又是体弱者。

极度担忧的孔子突然看到颜回终于归队时，脱口而出道：“我以为你已经死了！”

没想到，颜回的回答更加出人意料。他说：“老师你还健在，我怎敢死去呀！”①

师生之间的这个一问一答，事出猝然，情出自然，其情景不似父子，胜似父子。表现的不仅是孔子教育的成功，也是孔子做人的成功。

孔子与颜回，没有父子之实，却有父子之义。

这再次证明，孔子是一位慈祥的父亲、慈爱的家长。

---

① 《论语·先进十一》：子畏于匡，颜渊后。子曰：“吾以女（汝）为死矣。”曰：“子在，回何敢死？”

除了伯鱼和颜回，孔子还有女儿和侄女。对于她们，孔子也是慈爱有加。

孔子的女儿没有名字传世，在孔子主持下，嫁给了孔子弟子公冶长。

> 子谓公冶长，“可妻（qì）也。虽在缧绁（léixiè）之中，非其罪也”。以其子妻之。①

此处的“妻”作动词，是嫁给的意思。缧绁，是古代用黑索拘禁罪人的意思。而“子”在孔子时代泛言儿子和女儿。

弟子公冶长在狱中为囚，孔子不但认为他无罪，还把自己的女儿嫁给了他。这乍看之下太有违常理，但从孔子的为人来看，却在情理之中。

公冶长是个什么样的人物，可靠的典籍是再无记载，后人无从得知。但孔子既然称其“可妻”，则其为人，必有独特长处，以至于身陷缧绁之中，依旧得到孔子的信任。

孔子虽不主张以法治世，但也是守法之人。由此看来，公冶长多半是陷于冤狱之中，而且并不影响其婚娶，更无害于他将来的妻子。

我们再看相似的另一例。

> 子谓南容，“邦有道，不废；邦无道，免于刑戮”。以其兄之子妻之。②

---

①② 《论语·公冶长第五》。

南容三复“白圭”，孔子以其兄之子妻之。①

独居思仁，公言仁义，其于《诗》也，则一日三覆‘白圭之玷’，是宫縚之行也。②

南容，又名南宫适、南宫縚，也是孔子弟子，是鲁国当权大家族之一的孟氏家族中人。

在《论语》里，孔子家中之事，很少有像这样反复说明的，足见其意义之重大。

其重大之处，显然不是因为孔子侄女的身份。因为，与孔子的女儿一样，这位侄女之名也始终没有被道出。

其重大之处至少有二。

一是孔子的认人和择婿的标准，二是这位侄女婿的身份。

从《论语》的记载来看，南容的身份固然重要，但还不在孔子的首要考虑之内。孔子首要考虑的，是南容的为人和行事。

南容的为人和行事，一是他的政治智慧，二是他的言行谨慎。这两项显然是相通的和一致的。

在政治智慧方面，南容达到的境界是：国家政治清明之时，不会失去做官的机会；政治无道时，不会遭受刑杀之灾。在孔子所在的春秋末期，各国政治清浊不定，这种政治智慧是必要的生存之道。

至于三复“白圭”，是说不断地诵读“白圭”之诗。

所谓“白圭”之诗，是指《诗·大雅·抑》之篇。《抑》诗中有：“白圭之玷，尚可磨也；斯言之玷，不可为也。”以及“言不可

① 《论语·乡党第十》。

② 《孔子家语·弟子行》。

逝矣。无言不雠，无德不报。”旨在强调言语的重要性，所以才会“公言仁义”，在公开场合的言论以仁义为内容。

白玉有了瑕疵，还可以磨掉；人的言语不慎，出了毛病，就无法挽救了。因为不谨慎的言语往往会招来仇怨和报复。

显然，作为政治人物，南容非常在意言语的作用，这在传统政治中是有的放矢的。特别是在乱世，一言一语败坏一身一家的事情时常有发生，不能不引起从政者的极端重视。

从上述事例及我们的分析来看，孔子的择婿标准，基础还在于日常生活，希望给自己的亲人找一个为人可靠、言语谨慎的男子为夫，而并不是好高骛远、不切实际地攀高结贵。

特别是对于自己的亲生女儿，其婿公冶长不仅在孔门为学平平，而且还是蒙冤在狱，可见也不是当时的大富大贵之人。至于南容，虽然出身大家族，但也不是鲁国政坛上的显赫者。

这样一来，面对女儿们，身为父亲的孔子所看重的，只能是可靠的品质和稳重的言行。

这又是一个从平凡中来，到不平凡中去的历程。

这就是凡人孔子。

三、理性的长者

视野离开孔子的家庭，那么，作为父辈和祖辈的孔子，对于年轻人，对于后生小子，又是一种什么样的看法呢？有着什么样的态度呢？

对于青年，孔子的名言是"后生可畏"①。

在孔子看来，年轻人是非常值得尊重的。对于一位长者，你很难说眼前的这个年轻人未来就一定不如现在的你。

这看上去是在劝告长者，事实上是在鼓励和激励年轻人。

后生小子年富力强，只要肯下功夫，积学而有待，一定会大有前途。

当然，也会有一些年轻人，因为不能自勉，努力不够，至于人老而无所成就，这样就不值得人们特别敬重了。

孔子给出了明确的时间节点，那就是四十岁。确切来说，应该是四十岁左右，也就是孔子晚年所说的"不惑"②之年。

一个人，到四十岁时依然默默无闻，无所成就，那么，他在其余的岁月也不会有什么值得让人敬重的地方了。这当然指的是大多数情形。

孔子甚至说："年四十而见恶焉，其终也已。"③一个人，年届四十之时还会主动表现出恶行，他的余生也不会好到哪里去。

这都是在告诫年轻人。

年轻人的未来是美好的，但必须付出足够的努力，才能成就这份美好。

在某个孔子讲学的场合，颜回和子路侍坐孔子。

颜回之文，子路之武，都是孔子所欣赏的。他们二人的成就，标志着孔子之教的成功。

孔子要求他们二人陈述一下各自的志向。

---

① 《论语·子罕第九》：子曰："后生可畏，焉知来者之不如今也？四十、五十而无闻焉，斯亦不足畏也已。"

② 《论语·为政第二》。

③ 《论语·阳货十七》。

子路率先发言，直言希望改善自己的物质生活条件，并表示一旦有所改善，就要与朋友们分享。子路出身贫苦，对物质生活的渴求纯真而又强烈。

颜回更看重个人的修养，表示有善行和功劳之后也不会自大自夸。

轮到孔子时，孔子表示，安顿老者，信任朋友，关怀年少者。①

年轻人是社会的未来。无论是自己的至亲，还是身边的其他年轻人，都要关怀他们的成长，关心他们的前途。

在这一点上，孔子的出发点也是平凡的。

正是因为他能以平常心对待年轻人，在鼓励他们成长的同时，认真告诫他们容易堕入的“四十之恶”，他就是一位理性十足的不平凡的长者了。

孔子对青年的关注和重视，使他在世时赢得了各地年轻人的爱戴和追随。

孔子弟子数量很多，不仅是他同时代的其他教师和学者，即使是后世的儒家学者也难以望其项背。

司马迁最全面统计了孔子弟子的数量，他说：

> 孔子以《诗》、《书》、礼、乐教，弟子盖三千焉，身通六艺者七十有二人。②
>
> （弟子）三十五人，显有年名及受业闻见于书传。其四

---

① 《论语·公冶长第五》：颜渊、季路侍。子曰：“盍各言尔志？”子路曰：“愿车马、衣轻裘，与朋友共。敝之而无憾。”颜渊曰：“愿无伐善，无施劳。”子路曰：“愿闻子之志。”子曰：“老者安之，朋友信之，少者怀之。”

② 《史记·孔子世家》。

十有二人，无年及不见书传。孔子曰："受业身通者七十有七人。"①

在司马迁看来，接受过孔子正规教育的有三千人，"身通六艺"则是七十二或七十七人。"六艺"指礼、乐、射、御、书、数，这是汉代人的说法，并不符合孔子时代的实情，相对来讲，"异能之士"的说法可能更为可取。

还有一些其他说法，如：

孔子弟子七十，养徒三千人，皆入孝出悌，言为文章，行为仪表，教之所成也。②

孔子无爵位，以布衣从才士七十有余人，皆诸侯卿相之人也。③

仲尼门徒，升堂者七十有二。④

孔子……委质为弟子者三千人，达徒七十人。⑤

客观地说，说孔子一生能够很正式、很正规地教育三千弟子，显然是有些夸张了。这三千人，或三千多人，应该是总括了向孔子有所求教的人，其中许多人并不能以弟子相称。

《孔子弟子列传》中有名有姓的七十多人，才是真正在孔门学习过一定时间的弟子，而《论语》中记载的三十多位，更是其

---

① 《史记·仲尼弟子列传》。

② 《淮南子·泰族训》。

③ 《盐铁论·刺复》。

④ 《颜氏家训·诫兵》。

⑤ 《吕氏春秋·遇合》。

中的佼佼者。

这些弟子，通常都在年轻时就进入孔子门中。

孔子三十岁左右开始收授弟子，一直到他七十多岁离开人世，教龄有四十多年。

这四十多年中，孔子不停地接纳来自各地的青年，著名的“有朋自远方来，不亦乐乎”①的说法，很大程度是针对这些年轻人而说的。

弟子们的年龄段相差很大。

孔子行教初期，较年长的弟子有的只比孔子小七八岁。

孔子晚年，有不到二十岁就来拜师的，有好多弟子小孔子四十多岁。

他们几乎来自各个国家。鲁国人最多，其他如卫国、宋国、吴国、晋国、楚国、陈国、秦国等。

他们可能出身不同，家族和文化背景不同，性格不同，但有一点是相同的，即都是崇敬孔子的年轻人。

孔子既是他们的老师，也是他们的朋友；既是他们的长者，还是他们的家长。

所有这一切的发生，有一个重要原因，就是孔子对年轻人的爱护和期望。

孔子是一位平凡的长者，视年轻人为自己的未来。

孔子是一位不凡的长者，给年轻人指明了生活的方向。

---

① 《论语·学而第一》。

第四章　消遣养生，富贵生死

在孟子时代，战国中期，有一位著名哲学家，很下功夫地研究人性的问题。

这位哲学家，就是与孟子面对面进行过思想交锋的告子。

告子与孟子的“性善”观点相反，认为人性无所谓善与恶。

告子最有名的命题是：“生之谓性。……食、色，性也。”[①]这是主张，人性是与生俱来的，主要包括食和色两个方面。

其中的色，主要是指消遣娱乐等外在生活追求。

孔子对人性问题也发表过意见，那就是“性相近，习相远”[②]。这就是说，人性先天属性无所谓善与恶，基本上是相近的。使人与产生重大区别的是后天的习染。

显然，告子的人性观更接近于孔子。孟子的性善论虽然被后世儒学所推崇，但却并不符合孔子的看法。

根据孔子和告子的观点，人的善与恶的表现，主要是社会影响的结果。

---

① 《孟子·告子上》。

② 《论语·阳货十七》。

显然，食与色之类的享受和消遣，本身并没有善恶之分，而在于人们如何对待。

这是孔子思想的平凡之处，也是高明之处。

一、射和弋

孔子不主张纯粹的娱乐，反对为娱乐而娱乐，因为人生此世是负有社会责任的。但是，如果绝对地反对甚至禁绝娱乐，也同样是不可取的。

在相对可靠的记载中，孔子参与甚至相对娴熟的消遣项目是很多的，而且，这些项目也并不都是社会上层所独有的。

（一）射

《论语》中经常提到的“射”的活动，就是射箭。

与孔子有关的射箭活动，或者说孔子参与的射箭活动，以及孔子发表过有关言论的射箭活动，并不是指两军阵前射杀对手的射箭行为，而是社会中上层的一种娱乐活动。

这项活动的起源，当然与两军阵前的射杀有关，甚至是起源于阵前射杀。

在孔子时代之前，两军对垒以车战为主。因为没有步卒密集的战斗，也就没有我们在当代影视作品中看到的密集的射箭场面。而且，影视作品中密集射箭的场面，多半也是为了增加观赏性，并不是真实战斗的再现。

战车上有专门的射手,需要专门的训练。

在战车上射箭杀敌是贵族武士的专职,一定意义上讲是贵族武士的荣誉。

这类专门训练,在休战之际逐渐演化为消遣娱乐活动,且以争胜争高为目的。

春秋以后,随着王权旁落和贵族阶层的解体,这项活动也走向了更广阔的社会领域,成为社会中上层的主要娱乐活动之一。

孔子经常参与这项活动,并通过参与其中而有了独到的心得体会。

《论语》记载,“子钓而不纲,弋(yì)不射宿”①。

纲,是指大网,甚至是流网,截河而设。

弋,是一种尾部带绳的箭矢,方便使用后收回,显然是娱乐活动的专用箭,射程不远。

宿,指宿鸟,即停飞而止于某处的鸟儿。

孔子不仅喜欢射箭,还喜欢钓鱼。我们在此把射箭作为重点讨论的内容,实际上也包含了钓鱼在内的其他相似活动。

用弓箭射杀猎物,在普通劳动者那里,通常是为了生计,自然要计较猎物的多少,特别是面对大型猎物之时。

但在社会中上层,这类活动通常以消遣为主。特别是射鸟,更与生计无关。同样,不用网捕鱼,而只是垂钓,也是以消遣为主的表现。

在这样的背景下,孔子才提出“弋不射宿”,而“钓而不纲”为同理。

既然射鸟的意义在于射的过程,那么,停飞的鸟儿,即使射

---

① 《论语·述而第七》。

中，也既缺乏成就感，更难以提高射技。这是依据常理的推断。

再提升一步，就是射飞鸟，也不必以射中与否为目的。事实上，射箭活动本身就有着充分的积极向上的意义。锻炼筋骨，户外活动，这是起码的意义。而如果能够结伴同行，在集体活动中表现风度，就完全是超越凡俗的追求了。

对于孔子所提出的这些精神意义，古来能体会者甚少。

而对于上述孔子观点的比较浅薄的看法主要有二。

一是说，孔子出身贫贱，为了生计，不得不去钓、弋。

这种观点，无法解释不用大网和不射宿鸟。

二是说，孔子不用大网和不射宿鸟，是因为有仁人之心。

既然出于仁人之心，索性不钓不弋才是彻底的，不必如此虚伪。

当代还有一种理解，说是孔子的如此行为是最早的生态保护意识的表现。这是把当代的时髦观念强加给孔子的做法，尤不可取。

事实上，就在《论语》中，孔子就给出了“弋不射宿”的原因所在。

对于“射”这项活动，孔子坚持的主旨是——

> 射不主皮，为力不同科，古之道也。
>
> 君子无所争，必也射乎！揖让而升，下而饮，其争也君子。①

所谓“射不主皮”之“皮”，是指用皮革包裹起来的靶子，而

---

① 《论语·八佾第三》。

“宿鸟”也等同于静止不动的靶子。

孔子认为,在古代,射箭并不要求必须射中靶子。这样的要求显然是指“射”的这种游戏,而不是指两军阵前。

为什么不必射中靶子呢?是因为射箭者“力不同科”,体力不在同一个水平上。我们知道,开弓射箭是需要相当体力的,更不用说还有靶子或远或近的问题。“科”的本意是类别,在此引申为等级的意思。

既然“力不同科”,射箭者的体力不在同一个档次上,为什么还要在一起射箭呢?我们知道,在现代体育竞技中,射箭是要分男女的,是要分年龄层次的。

正因为不是争胜,才没有必要分层分级地进行射箭的游戏。

孔子的回答是,即使在射箭这样的明显需要体力的活动中,“君子无所争”。君子参加这项活动,并不是要争胜的。如果一定要有所争,那也只能是争德。

争德,就是“揖让而升,下而饮”。在登上射箭台之前,大家要相互揖让,行礼之后再开弓。射箭完成之后,从射箭台上走下,大家还要对饮,行礼之后再进行下一轮,或者安然结束。

这样一来,孔子所主张的士人习射活动,就不是为了争胜,而为了争礼和争德了。

争德的核心,是通过习射这样的活动,表现习射者的礼仪表现和君子风度。那些有力量、擅长射箭的人,没有理由在人前高傲;那些力量稍逊、未必能够射中靶子和靶心的人,也没有必要低人一等。因为真正让人分出高低的,不是射技,而是射德。

君子之射,看上去是一场游戏,其实是一种愉悦身心的消遣,是一个展现君子风度的机会。

面对这样的游戏,普通人以纯粹的娱乐为目的,容易堕落为小人之争。而孔子更看重消遣的过程，在这个过程中表现其雍容揖逊，直到提升为君子之争。

《左传·昭公二十五》记载，鲁国的两个贵族在玩当时盛行的斗鸡游戏时，为了争胜，一方在鸡爪上装上铁刺，导致对方不满，最终演变为双方大打出手，连在位的鲁昭公都被卷入其中，使鲁国政治陷入了空前的混乱之中。

孔子这时35岁，正是从政的好时候，却不得不因为这场由斗鸡引发的政治动乱而离开鲁国，到齐国求仕。这必然引发孔子对健康的消遣活动和消遣娱乐中以礼折中的思考。

从“揖让而升，下而饮”的描述来看，孔子本人是参与过习射的。并且孔子身高体大，在这样的活动中也应该不落下风。

到此为止，是凡人孔子的一面。

然而，孔子要求自己负有社会责任，也认为每个社会成员都应该有这样的责任。所以，即使是在常人认为的寻常娱乐活动中，孔子也要赋之以不寻常的要求。

或许我们认为孔子太累了。娱乐就是娱乐，还要什么意义？

如果我们真的这么想，那就自动远离了孔子。

当我们理解和接受了君子之争，就会超越平凡，在消遣娱乐中获得超凡的快乐。

与争胜相比，争德带给人的快乐是平静而长久的。

争胜是暂时的，特别是与体力有关的争胜，终究会因为你的年长体衰而失去。

争德是永恒的，并且是随着日积月累的收获，会因为你的年长德进而不断获得。

更重要的是，争德的结果，会使人们从个人的愉悦上升为对社会、对人类的贡献。

这样一来,当我们理解了孔子,转变了心态,孔子所要求的君子之争就会成为言行的自然和生活的常态,就不会觉得有烦有累。

这才是从平凡到不凡的真谛。

二、乐和歌

孔子欣赏多才多艺之人,他自己也是多才多艺者。[①]

在音乐和歌唱方面,孔子喜欢实践,也有高深的理论素养。

在这方面,孔子同样既有普通人对乐和歌的享受,也有进一步的精神和思想层面的提升。

《论语》记载,“子与人歌而善,必使反之,而后和之”[②]。

这项记载所说的,不知道是孔子什么时候的事情,但其可爱之处,与普通音乐痴迷者无异,让人敬重之余,颇有亲近之感。

根据这项记载,孔子喜欢唱歌,而且喜欢跟别人一起唱。这种多人一起唱歌的场面,不知是当时的习俗,还是一种偶然的机会。

总之,大概平时孔子觉得自己还唱得不错,但是,当某个时候大家一起唱歌时,孔子发现有人唱得比他好,或者至少是某首歌人家唱得比他好,这个时候,孔子没有选择离开,更没有选择

---

① 《论语·雍也第六》:“求也艺,于从政乎何有。”《论语·子罕第九》:子云:“吾不试,故艺。”

② 《论语·述而第七》。

嫉妒,而是选择了学习。

正所谓“三人行,必有我师”①是也。

孔子向人家学习的方式,是恳求人家再唱一遍或几遍,在人家唱的时候,他就“和之”,作和声状,跟着人家唱,直到学会人家的长处。

这种事情在普通人中间也是时常能够看到的,并不稀奇,也谈不上有多么可贵。

但是,这种事情如果经常发生在一个人身上,那就是既稀奇又可贵的了。

这个人就是孔子。

我们已经看到,孔子的伟大之处,并不是说在他的有生之年做了多少惊天动地的事情,而是每一件小事都不苟且。

对音乐的爱好贯穿孔子一生,甚至成了他生命的一部分。

孔子三十多岁时曾经游仕齐国。

由于受到权臣的阻挠,孔子在齐国朝廷上并没有受到重视。于是,他就带着弟子们游历齐国各地,了解和学习齐国的历史文化。

齐国毕竟是周朝初年姜太公的封国,传统悠久,人文荟萃。

孔子后来说过这样的话,“齐一变,至于鲁;鲁一变,至于道”②。是说在文化进步方面,齐国与鲁国相差无几。

在这次足以影响孔子一生的游历中,孔子“在齐闻《韶》,三月不知肉味”。

《韶》乐据说是大舜时的国乐,更有认为是大舜亲自创作的

---

① 《论语·述而第七》:子曰:“三人行,必有我师焉。择其善者而从之,其不善者而改之。”

② 《论语·雍也第六》。

乐曲，孔子认为是“尽善尽美”[1]的乐曲。

“尽善”是说其主题进步，“尽美”是说其旋律优美。

不知在什么场合，让孔子欣赏到了齐国人演奏的《韶》乐。

孔子听后的反应是“三月不知肉味”，好长时间尝不出肉的滋味。

“三月”是指一个较长的时间段，并不是说刚好九十天，或者非得达到九十天。

以当时孔子的身份和地位，并不是经常能够吃到肉食的，而肉食在那个时代也并不是普通人能够随便吃到的。

一种不容易吃的食物，一个不经常吃到这种食物的人，在有机会吃到这种食物的时候却没有吃出滋味，而且这种感觉还能持续好久！

那么，这是什么原因造成的呢？

原因很简单，就是因为听到一支乐曲，一支有来头儿的古曲！

孔子自己也被这种现象惊呆，以至于自叹曰：“不图为乐之至于斯也！”[2]没有想到自己能被音乐感动到如此地步呀！

诚之至，感之深！

如果说上述孔子的表现是以普通人的感受和行动为基础，或者说与普通人的情愫还有所关联的话，那么，他在音乐方面所做的一些具体工作和发表的观点则是普通人难以企及的了。

《论语》记载：

---

① 《论语·八佾第三》：“子谓《韶》，‘尽美矣，又尽善也’。”

② 《论语·述而第七》。

子曰："师挚之始，《关雎》之乱，洋洋乎！盈耳哉。"①

子曰："吾自卫反鲁，然后乐正，《雅》、《颂》各得其所。"②

据史籍记载，《诗经》中的所有诗篇，都是有乐曲作配合的。

在某个场合，多半是孔子在鲁国做官时，当他聆听鲁国乐师"挚"演奏的《诗经·关雎》的乐曲时，内心升腾而起的感觉是"洋洋乎，盈耳哉"！

所谓的"始"和"乱"是专业术语，指音乐演奏的始和终，泛指整个演奏的过程。

"洋洋乎盈耳"当然是一种主观感受，描述了被音乐所感染，整个身心完全被乐声包围，沉浸在了无边的享受之中！

正因为喜欢歌与乐，并且是从接受古代历史文化的角度感受传统音乐的"尽善尽美"，孔子便倾心于传统音乐的整理和传播。

即使是在晚年周游列国的颠沛流离之中，孔子也留意收集着散落在各地的《诗经》古乐。中国古乐源远流长，但在孔子时代，音乐的传播还主要依靠师徒相传，依靠乐者的记忆。

与此同时，随着周礼的没落，多数的乐者已经从周天子的宫廷走向诸侯之国，甚至流落到民间。

《论语》云："大师挚适齐，亚饭干适楚，三饭缭适蔡，四饭缺适秦，鼓方叔入于河；播鼗（táo）武入于汉，少师阳、击磬襄入于海。"③

---

① 《论语·泰伯第八》。

② 《论语·子罕第九》。

③ 《论语·微子十八》。

这八位乐者，都是当时闻名天下的周天子宫廷乐师。迫于形势，他们不得不离开宫廷，各奔东西。所谓齐、楚、蔡、秦，是指诸侯国；所谓河、汉、海，则是广大的民间。

这就意味着，孔子要与许多民间的乐者相往还。

当孔子最终结束周游，回到鲁国后，他就把已经收集到的这些古乐加以整理，使《诗经》中《雅》、《颂》两部分的诗和乐实现了正确的组合。这就是“各得其所”，都回归到了各自应该在的位置上了。

也有观点认为，是孔子在整理好了《雅》、《颂》之乐以后，请鲁大师挚进行演奏，获得了“盈耳”的享受。

不管怎么样，孔子不仅是雅乐的爱好者、实践者，也是整理者和研究者。

所谓雅乐，就是正乐，相当于当时的“红歌”。

孔子达到的音乐研究的水平，可以与当时的专业宫廷乐师相媲美，他甚至可以做乐师的音乐理论老师。

> 子语（yù）鲁大师乐。
>
> 曰：“乐其可知也：始作，翕如也；从之，纯如也，皦（jiǎo，明亮，清晰）如也，绎如也，以成。”①

此所谓“语”，是告诉的意思，在《论语》中是表示主动言说。这就是说，孔子把他的观点或研究成果主动告诉了鲁国首席音乐师。

此处之“语”，也可能是委婉的说法，其实际效果是孔子在

① 《论语·八佾第三》。

给这位乐师教授音乐理论课。一般情况下，乐师只负责把乐曲演奏好。至于他们演奏的曲子有什么来历、乐曲的灵魂是什么，则并不是他们所关心的重点。

孔子的音乐观点和理论是什么呢？“乐，其可知也”，音乐的演奏过程是可以知晓的，也就是可以弄明白为什么的。

孔子知晓的结果是什么呢？按照朱熹的解释：“翕，合也。从，放也。纯，和也。皦，明也。绎，相续不绝也。成，乐之一终也。”

就是说，一首完美的乐曲，其演奏过程从始到成，要有四个阶段。从收敛，到放纵，再到和合，最后到明快地收场。

孔子所“语”，达到的是音乐理论的最高度，这才使得后人的理解千差万别。但我们相信，再高深的理论，也是得之于人们的实践之中。

如同在所有其他方面一样，孔子也是从一个普通爱好者，最终上升为推广者和传播者，把任何一个看似平凡的问题上升到了治家治国的高度。原因很简单：这是他的一种思想情怀，一份社会责任。

对于音乐，孔子也从个人享受，最终提升到影响社会风气、关乎社会安定的高度。所以，当弟子颜回问到治国的具体措施时，孔子的回答是：要使用夏朝的历法，商朝形制的大车，周朝的祭服，以及大舜的《韶》乐。这些方面，显然都关乎社会风尚。

乐用《韶》乐，是因为其尽善尽美。

为此，孔子强调：“放郑声，远佞人。郑声淫，佞人殆。”①

“放”是禁绝之义。

---

① 《论语・卫灵公十五》。

“郑声”指的是郑国的音乐。

“淫”是过度的意思。

郑声,其实就是当时流行音乐的代表。

郑声淫,就是说以郑国流行音乐为代表的那种音乐只是追求纯粹的感官刺激和过度的情绪宣泄。不用说,在这种音乐的刺激之下,人们只会做出冲动的表现,这与音乐的本质已经背道而驰了。

而在孔子看来,音乐不仅能够让人们获得通常意义上的美感或美的享受,还能起到移风易俗、改进道德水平的作用。通过影响听者的心灵,进而推进社会风气的改善,甚至道德建设的改进和提高。

作为一个普通人,孔子是非常喜欢音乐的。

作为一个爱好者,孔子是非常陶醉音乐的。

作为一个研究者,孔子是非常懂得音乐的。

作为一个政治家,孔子是非常看重音乐的。

三、游和观

在中国古代,游历天下是文人雅士们的重要消遣之一,甚至是其生活的必要组成部分。在知识阶层,游历和游仕是从书本到实际的一个必需的过程。从这个意义上讲,“游”是普通士人必有的人生经历。

在孔子时代之前,既未看到知识阶层人士的游仕之举,更没有看到他们的游历之行。这既有经济发展程度，比如交通和饮食方面的制约，也有思想观念的影响。

从此意义上讲，孔子就是开时代风气之先者。

孔子最先认识到了知识阶层或知识分子独立存在的重要性，这个阶层，孔子用传统的“士”字加以定义。

孔子认为，士阶层必须有独立的思想见解和政治主张，如孔子本人总结的“三十而立，四十而不惑”[①]。

在那样的时代，这种士人很难长期在一个国家立足，这就导致其必然在各国之间寻求从政机会。于是，游仕随即产生。

孔子本人就是游仕的先行先试者。

三十到四十岁之间，孔子多年在齐国游仕，最后一无所获，回到鲁国。

五十五岁到六十九岁之间，十四年的时间，孔子有过著名的周游列国，同样无功而返。

这两段游仕，使孔子认识到，自己的政治主张难以被各国当政者接受。

于是，到了晚年，孔子又转向了游观，转向了对基层政治的调查研究，这个过程中，也实现了个人的游历，其中包含了普通人的享受。

这并不是说孔子之前的人们就没有个人游仕和个人游历休闲，而是说，从孔子开始，这样的游历才开始成为士阶层的特点之一，才有了它的特定内涵和目的，也才发挥了特定的作用。

这样一来，孔子也是士人游历天下的首创者。

从天下大游，到鲁国小游。从政治之游，到生活之游。

---

① 《论语·为政第二》。

《论语》记载：

樊迟从游于舞雩之下，曰："敢问崇德、修慝（tè）、辨惑。"①

子之武城，闻弦歌之声。夫子莞（wǎn）尔而笑，曰："割鸡焉用牛刀？"②

上述两件事发生在孔子晚年。尽管游历的过程中始终显现着孔子对政治和修身的关切，但这两件事还是告诉我们，孔子晚年的休闲生活是一种常态性的活动。

樊迟和子游都是孔门的后进弟子，少孔子四十多岁，他们此刻与孔子进行思想交流也好，出任地方官员也好，显然都是在孔子六十九岁回到鲁国之后。

这时候的孔子，基本失去了从政的可能和想法，所以才有闲暇游玩。

这种普通人的享受，事实上一直存于孔子心中。只是由于从政的急迫，才一直未能兑现。

孔子中年时，有一次与弟子们谈论各人的志向时，多半弟子都在政治追求上做文章，唯有曾点，据说是孔子晚年著名弟子曾子的父亲，表达了普通人的情愫。

曾点说："莫（暮）春者，春服既成。冠者五六人，童子六七人，浴乎沂（yí），风乎舞雩（yú），詠（咏）而归。"③

曾点所描述的，与现代人所谓的休闲旅游并无二致，这说明

① 《论语·颜渊十二》。
② 《论语·阳货十七》。
③ 《论语·先进十一》。

享受生活是自古以来普通人的共同追求。不同的只是形式，相同的就是内心。

所谓暮春，就是后来的夏季，因为当时民间只有春秋两季。

在这样一个炎热的季节，换上薄衫，约上一群朋友，在河水中畅游，在高台上风干，然后唱着歌儿回到家中。这不正是最惬意的享受吗？这不正是典型的休闲游吗？

孔子是凡人。他听了曾点的描述之后，喟然叹曰："吾与点也！"

孔子居然赞成了曾点的向往。这完全不在一般人的想象之中，甚至后世的一些儒生也认为这是道家人物编排的故事。

其实不然。在孔子的内心深处，凡人的情愫是非常强烈的。只是在他理性考虑自己的社会责任时，才没有精力和时间去做曾点所描述的事情。

但是，当无情的现实几近扑灭他内心救世的烈焰时，孔子才无奈地选择回归凡人的生活。

"樊迟从游"的"舞雩"，就是曾点"风乎舞雩"的地方，那是鲁国都城曲阜郊外的一处胜境。至于孔子所去的武城，则是在曲阜之外的地方。

孔子晚年时，许多弟子在外地从政，有的是地方行政长官，如子游就是武城之宰。孔子去这些地方，应该有多重目的，可谓集游览、观政和叙谈于一处。

这样的游览考察对孔子而言并不轻松，他还得面对弟子们的请教，还得对于弟子的从政得失加以指导，但对于孔子而言，这样的不轻松，才是真正的轻松。

游走在平凡与神圣之间，那是真正的孔子。

我们完全可以设想一下，在众多弟子们的簇拥下，一位银发老者，一边欣赏美景，欣赏后学的政治成就，一边与他们很放松地侃侃而谈，那该是一幅多么惬意的晚年生活的画卷啊！

四、富与贵

生、死、富、贵这四项，是每个人必须面对和解决的问题。

对于生和死，孔子讲得不多；对于富和贵，孔子则经常讲起。

弟子子夏引用他人之语说："死生有命，富贵在天。"[①]颇有人认为这可能就是从孔子口中得到的训导。这种说法有一定的道理，因为孔子确实持有类似观点。

与富和贵相比，个人对生和死的主导能力要弱许多，这可能是孔子少言生死，多说富贵的主要原因。

对于生死富贵，孟子有过一段著名的论述：

> 鱼，我所欲也，熊掌，亦我所欲也；二者不可得兼，舍鱼而取熊掌者也。生，亦我所欲也；义，亦我所欲也；二者不可得兼，舍生而取义者也。

孟子的观点，基本上是孔子观点的延伸和发展。

孟子所说"生"，并不是仅指出生或生命，而是还应该包括体面地生存，相当于孔子所强调的富与贵；孟子所说"义"，并不

① 《论语·颜渊十二》。

是仅指抽象的道义或原则，而是指富与贵的内涵。

“生，亦我所欲也”，这是肯定了追求富贵是人的自然而正当的要求。包括普通人在内，所有人都有获得富贵的欲求。

“义，亦我所欲也”，这是强调了富贵的获得和享受是要有原则的。以“义”主导富贵的获得，这便是更高一层的要求了，通常情况下，普通人是不多考虑这方面的问题的。

“二者不可得兼”，在现实中，富贵与道义是经常处在矛盾之中的。这并不是暗示道义与富贵是天敌，但在具体实践中，富贵而不义，义而不获富贵，是更为常见的现象。这其中的原因太复杂，怕是一言难尽。

“舍生而取义者也”，当富贵与道义不可兼得，出现了非此即彼的选择时，把道义放在首位，是以孟子为代表的有气节的人士的追求。这并不是说他们不喜欢富贵，而是他们有比富贵更重要的、更高贵的追求。

对此，孔子早有论断。孔子说：

> 富与贵，是人之所欲也，不以其道得之，不处也；贫与贱，是人之所恶也，不以其道得之，不去也。①

喜好富贵，厌恶贫贱，这是人们再平常不过的要求，当然也是孔子的要求。在这一点上，孔子是个平凡之人，跟其他平凡人的物质欲求没有两样。

令平凡的孔子与超凡的孔子相区别的，是对于“道”的态度。

---

① 《论语·里仁第四》。

应该得到的富与贵,是符合道义的富与贵。不应该去掉的贫与贱,是符合道义的贫与贱。

当然,这并不是说坚持道义就得不到富贵,也不是说以道义为先就得与贫贱为伴。而是说,一旦富贵与道义产生矛盾,二者选一,超凡之人选择的是必是道义,结局就有可能陷于贫贱了。

在某个关键时刻,当孔子又处在富贵与道义的两难选择时,善于察言观色的弟子子贡与孔子进行了一场精彩的对话。

子贡是外交家,说话擅长旁敲侧击。他没有直接请教孔子如何选择富贵与贫贱,而是假设了一种两难情形。他说,如果老师您现在有一块非常喜欢的美玉,您是把它放在盒子里藏起来呢,还是找一个识货的商人卖掉它呢?

这是在问孔子,如果相关条件都很理想,您是甘心隐居呢,还是情愿出来做官呢?

孔子的回答相当明确:“赶快卖掉吧,赶快卖掉吧!我正等待着那个识货的商家呢!”①

然而,古人有云:“君子未尝不欲仕也,又恶不由其道。”

与凡俗之人一样,孔子时刻都想着有个职位,有个施展其政治抱负的机会,但是,这样的追求是有前提的,即一定要遇到识货之人,也就是能够以道义相待的当政者。

这才是孔子真正超凡脱俗的地方。

那么,为什么富贵总是很难与道义相伴而行?为什么孔子一生都没有遇到“由其道”的当政者呢?

孔子说:“放于利而行,多怨。”②

---

① 《论语·子罕第九》:“子贡曰:‘有美玉于斯,韫椟(yùn dú)而藏诸?善贾(gǔ)而沽(gū)诸?’子曰:‘沽之哉,沽之哉!我待贾者也。’”

② 《论语·里仁第四》。

所谓“放于利”，就是依于利，一切以利为标准、为归宿。孔子认为，以利衡量一切，容易产生和招致埋怨甚至怨恨。

这就是说，在追求富贵的过程中，一旦把握不好，就容易与道义产生矛盾。这是一种客观存在。

即使是孔子弟子，这种失衡的状况也曾出现。

据记载，“子华使于齐，冉子为其母请粟”，弟子公西华当时是鲁国的外交人员，要出使齐国，那是他的家乡。弟子冉求与公西华个人关系好，就请示孔子，要给公西华的母亲带些粮食，作为孔门的礼物。

可能冉求的提议符合礼仪，孔子也就同意了，并指示说：“与之釜。”

“釜”是当时的计量单位，具体体积后人已经不得而知，但分析起来，可能是比较小的量器。所以冉求觉得一釜粮食太少了，就请孔子再增加一些。

因为这份礼物并不是孔子所出，而是由身为鲁国权臣的冉求提供，孔子只好同意，吩咐说：“与之庾。”显然，同样作为量器的“庾”要大于“釜”。

没想到，冉求还是觉得不满意，并且意识到了孔子的态度与自己有所不同，于是就自作主张，给公西华带了“五秉”粮食。不用说，“秉”之为量器，是大于“釜”和“庾”的。

事情到此为止，听上去似乎也没有什么大不了的。

就是冉求要给同学送礼，孔子认为不宜太多，冉求最后没有完全接受孔子的意见，独自决定多多奉上。

但是，就是这么一件小事，却让孔子大发感慨。

孔子说：“赤之适齐也，乘肥马，衣轻裘。吾闻之也，君子周急不继富。”①

因为不是自己送礼，孔子确实无法阻止冉求的行为，而强行干预又不是孔子喜欢的做法。不过，明确表达自己的意见，却是孔子遇事的最后举措。

孔子对此事的评价或感慨，集中表达在“君子周急不继富”的原则上。尽管孔子声称“吾闻之”，即从他人那里听来的，但在这个关节点上，也就等于是孔子的主张了。

“周急”是周济和帮助有急难者，甚至贫穷之人。

“济富”则是助济富人，增加富人的财富。

事实上，公西华已经跻身于富人行列了，因为孔子看到了他的“乘肥马，衣轻裘”的形象。有了这样的现实，才会让孔子生发出那样的感慨。

君子之人的“周急不继富”，不仅表现了君子的道德关怀，而且体现了社会公正的原则。其实，孔子时代的社会动荡，很大的一个促动原因就是贫者更贫、富者愈富。

显然，孔子的如此思考，是立足于普通人的普通要求，并进而上升到社会和谐和社会进步的高度。这是孔子一贯的作风，也是孔子永恒的关注。

当然也有与公西华和冉求的行为适相反之的弟子。

比如弟子原宪，在孔子五十多岁做鲁国司寇的时候，担任孔子的家宰。因为原宪是穷人出身，家境贫寒，需要救济，孔子就决定“与之粟九百”。尽管“九百”后面缺失了计量单位，但九百之数还应该是有好多粮食的。

然而，尽管是老师的决定，原宪还是觉得不妥，大概是认为

---

① 《论语·雍也第六》。

有无功受禄或功寡禄多的嫌疑，就坚决推辞了老师的赠与。

不管原宪的推辞是不是在孔子的预料之内，孔子的态度还是相当坚定的。他并没有批评或责怪原宪，而是坚持说："毋！以与尔邻里乡党乎！"[①]不要这样啊，即使你家不要，你还可以把这些粮食送给你的那些邻居呀！这就说明，原宪的邻居也都是些贫穷之人。

传统的《论语》版本，多半把上述两件事情放在同一章节里，以便比较出孔子和弟子们对于财富的不同态度。

表面上看，他们二者的不同，都是基于普通人对利益的看法。

冉求赠送礼物给公西华，更多是基于个人关系的密切。当然，作为政治人物，个人关系密切也有利于政治上的相互支持。

孔子赠送原宪，更多是基于对贫穷者甚至贫穷人群的关怀。

二者的手段，都是普通人所看重的物质利益。

孔子也是凡人，他显然从不否认物质利益的重要性。

只是孔子的原则跟冉求不同，甚至与原宪不同。

孔子说："君子喻于义，小人喻于利。"[②]

孔子以义为准则，而冉求、公西华和原宪都是以利为准则。

即便是原宪的拒绝，也是没有站在孔子"周急不济富"的社会关怀的高度而作出的决定，只是就利说利，没有做到以义说利。

"喻"就是知晓的意思。

君子不是不知利，而是以义为先。

小人不是不知义，而是以利为先。

---

① 《论语·雍也第六》。

② 《论语·里仁第四》。

利是基于人的普通欲求，是人的自然甚至天然的欲望。

义是超越人的普通欲求，是人的精神甚至灵魂的要求。

在现实生活中，贫与富的问题，实在是太重要了。这个问题不仅关系到人的生活质量，还关系到人的基本生存。

子贡虽是成功的商人，甚至富可敌国，但也是从贫穷中走出来的。回想自己贫穷的往事，面对自己的财富，以及他人对财富、对于像他这样的富有者的态度，子贡感到有所困惑，这使他不得不向孔子请教说："贫而无谄，富而无骄，何如？"

身处贫穷之时，不要向富有者献谄媚；身为富有者，不要向贫穷者耍骄横。

这是子贡的原则，或者打算遵循的原则。

这样的原则，听上去已经是很高尚的了。

所以，孔子说："可也。"也算是可以的了。

但是，孔子马上提出了更高的要求。"未若贫而乐，富而好礼者也。"①

当我们身处贫穷之时，如果只是由于守道而贫，不仅要挺起腰板，不向富有者弯腰，还要以贫为乐，因为正是贫才成就了你的道义。

当我们达到富有的时候，不仅要善待贫穷者，还要肩负更多、更重的社会责任，使社会向礼治前进，从而有效地消除贫穷，使社会更安定、更和谐。

很显然，子贡的原则偏重于被动防守，是普通人在贫富问题上的普通操守。虽然已经很不容易，但却缺乏积极进取的主动精神。

---

① 《论语·学而第一》。

孔子的“贫而乐”、“富而好礼”是要求人们主动地做些什么。

子贡的“贫而无谄，富而无骄”是要求人们被动地不做什么。

这种不同的境界立判而出，高下立现。

贫富的问题困扰着所有的人，孔子也不例外。

孔子的一生，以贫穷的日子居多，并且这种贫穷主要是缘于孔子的坚定守道。所以，孔子才鞭策自己说：

> 富而可求也，虽执鞭之士，吾亦为之。
>
> 如不可求，从吾所好。
>
> 饭疏食、饮水，曲肱而枕之，乐亦在其中矣。
>
> 不义而富且贵，于我如浮云。①

富贵是不是可以求取，只有一个标准，即义与不义。

如果是符合道义的富贵，哪怕是通过艰苦的过程，比如去做一个赶车的低贱之人，我也要去求取。

如果是不合道义的富贵，哪怕是唾手可得，我也会视如浮云，一钱不值；哪怕是因此而过着艰苦的生活，粗茶淡饭，弯曲胳膊作枕头，也是快乐无比，因为这与我的崇高志向保持了一致。

君子之人并不是不问青红皂白地厌恶富贵，相反，他们跟普通人一样，也想过上优渥的生活。但是，如无可求之道，宁可远离。

君子之人并不是生来就喜欢疏食、饮水、曲肱而枕，而是面

① 《论语·述而第七》。

对不义之富贵，只能选择更适合其心志的生活。

孔子甚至说："笃信好学，守死善道。危邦不入，乱邦不居。天下有道则见（现），无道则隐。邦有道，贫且贱焉，耻也；邦无道，富且贵焉，耻也。"①

总的原则是：坚信大道，喜好学习，誓死与道义共存。

具体方针是：政治混乱的国家不进入，政治混乱的时候不参政。

现实表征是：在一个政治清明的国度，如果身处贫贱，就是一种耻辱；在一个政治腐败的国度，如果荣华富贵，也是一种耻辱。

孔子的如此标准是很独特的，也就是有名的政治反证法。

在一个政治清明的时代，如果你是拥有真才实学的，如果你是积极进取的，就一定会得到从政和上进的机会，就不可能过着贫贱的生活。这就是说，从普通人的愿望来看，在这样的时代，求取富贵就是正道。

在一个政治腐败的时代，如果你是守节之士，如果你是头脑清醒之人，就不应该与当政者同流合污，就不应该过着富贵的生活。这就是说，在乱世，只有超越了普通人的愿望，才能表现出超凡脱俗的品性。

孔子是这么说的，也是这么做的。

作为一个凡人，孔子竭尽全力求取后世所谓的功名，有条件的时候也喜欢讲究吃穿，甚至追求享乐。

作为一个有志向的人，孔子要通过求取功名实现自己的政治抱负。

---

① 《论语·泰伯第八》。

作为一个有道之士，孔子把自己所有的世俗要求约束在道义之下。

甚至是那些伸手可及的物质利益的诱惑，孔子也是可则求之，不可则弃之。

所谓可与不可，就是道义与无道。

由此看来，孔子式的凡人，并不是单纯地汲汲于名利，而是能够超越凡俗，在持守大道的前提下甘于平凡。

孔子式的不凡之人、伟人或圣人，并不是抽象地视名利为粪土，而是在符合道义的前提下的富贵的热切追求者。

第五章　衣食住行，礼仪之本

在上一章，我们讨论了孟子时代著名哲学家告子的人性观。

“食、色，性也。”是告子的著名论断，尽管不太用心读书的人们经常把这一观点归之于孟子。

所谓“食、色，性也”，是说饮食和享乐是人的天性，是先天即有，不待后天去学习。后天需要学的和能学到的，只是饮食和享乐的方式，而不是其本质。

既然是先天的，就是人人都会有的，凡人也不例外。

在这些方面，孔子更不例外。并且因为他是好学之人，在衣着和饮食方面，进而在居住和起居方面，直到日常生活的其他方面，孔子也更讲究形式，并最终将这些形式提升到了礼仪的高度。

一、衣不厌美，食不厌精

衣着饮食，乃生活之必需，是人之生存的基本条件。

孔子追求“食不厌精”。这个“厌”是过度厌恶和排斥的意思。

衣不厌美，是说衣服越美观越好。

食不厌精，是说食物越精致越好。

在这些方面，孔子有一些基本原则。

如果条件允许，任何人都应该去争取和得到最好的享受。

如果条件不允许，就应该面对现实，作实事求是的对待。

此所谓“条件”，不仅指物质条件，也指精神条件和社会条件。

现存《论语》共分二十篇，其中的第十篇称《乡党》，主要是记载孔子的日常生活，而不是孔子的言论以及与他人的对答。

在这一篇中，我们见到了日常生活中的凡人孔子的方方面面。

孔子对服饰的要求，在这一篇中有详细记载。

孔子的要求是：

1.君子不以绀緅(gànzōu)饰。红紫不以为亵(xiè)服。

2.当暑，袗絺绤(zhěn chīxì)，必表而出之。

3.缁衣羔裘，素衣麑裘，黄衣狐裘。

4.亵裘长。短右袂(mèi)。

5.必有寝衣，长一身有半。

6.齐(斋)，必有明衣，布。

7.狐貉之厚以居。

8.去丧，无所不佩。

9.非帷裳，必杀之。

10.羔裘玄冠不以吊。

11. 吉月，必朝服而朝。[①]

在中国古代文化和古代文献中，有关礼仪服饰的部分最难读懂，因为时间的推移，社会的变迁，民族的融合，导致服饰方面的变化最为剧烈和明显，相关名称更是难以厘清，服装的样式、穿着方法等等相关问题，真是越说越说不清楚。

上述十一项，不但文字艰涩，意思也很难理解到位。

根据历代学者考证注释，勉强理解如下。

必须说明的是，这是君子之服饰，即社会中上层的着装要求和习惯。

对于孔子来说，这些规矩一是他做官时的服饰要求，二是他在理想状态下的服饰标准，当然美观大方是前提。

这些在当时是符合礼仪的服装服饰和穿着习惯。

1.正规的服装，不用绀、緅这两种颜色的面料作边饰，也不用红紫色做家居内衣。绀、緅二色与红紫一样，都不是当时的正色，使用时要特别注意。

2.暑天时，即使天气很热，也不能穿着透明露体的衣服，而是要在丝麻内衣的外面，再罩上外衣。

3.羔裘之类的毛皮之衣要搭配相应颜色的外罩。

4.天冷时，家居裘衣要长一些，这是为了保温。右袂要短一些，这是为了方便做事。

5.一定要有睡衣，即就寝时的衣服，相当于后来所说的被子，长度为身高的1.5倍。

6.斋戒之日，在睡衣之外还要有明衣，且要以布做成。孔子

① 《论语·乡党第十》。

时代的布，并不是后世的棉布，而多半是用麻做成，因为直到汉代，中原地区才开始种植从西域引进的棉花。

7.因为狐貉之衣毛深温厚，比较笨重，更适合闲居时穿着。

8.男子身佩玉饰，是当时的习俗，但守丧时不宜佩带。去丧之后，就没有这方面的讲究了。

9.丧祭之服，有种种礼仪方面的规定。“杀”指杀缝，俗称收边。这是说，丧祭之服，根据需要或规定，有需要杀缝的，有不需要杀缝的。

10.吊丧之时，不宜穿羔裘、戴玄冠，以表示哀悼之情。羔裘和玄冠，应该是当时比较华贵惹眼的服饰。

11.吉月，指的是农历月初。孔子在鲁做官时，这个时间上朝，必定要穿很正规的朝服。至于为什么是这样，《论语》并没有进一步的说明。很可能是，在除此之外的日子，上朝时的衣服相对可以随便一些。

以上记载和解说，虽然是星星点点，并不是孔子关于衣着服饰的系统说明和全部要求，但我们已经感受到，孔子在日常生活和工作过程中对这些方面的要求必是全面和具体的。这其中，既有常识的一面，也有礼仪的一面。

生活常识是礼仪的基础，礼仪则是常识的升华。

在这方面，孔子有过一个经典的举例。

孔子说：“麻冕，礼也；今也纯，俭。吾从众。拜下，礼也；今拜乎上，泰也。虽违众，吾从下。”①

意思是说，有一种传统的冠冕，使用在某种行礼的场合。这种冠冕本来是用麻布做成的，但现在的人们却用丝布去做。

孔子注意到了这个不同，但他却跟从现在多数人的做法，使

---

① 《论语·子罕第九》。

用丝布做成的冠冕。原因很简单，就是因为用丝布做的更节俭。

但是，此番材质上的变化，并没有影响到这种冠冕的本质，即冠冕的样式和功能没有发生变化，所以才得到孔子的遵循。

与此同时，有一种礼仪，说的是在面见君主时须在台阶下面礼拜，但现在的人们却在台阶上面礼拜。

孔子同样注意到了这个不同，但他没有随大流，而是仍在台阶下面礼拜。原因也很简单，就是在台阶上面礼拜会表现出臣下的骄慢之态。

这就是说，台下拜与台上拜，看上去只是形式的不同，但却引起了这种礼仪的本质变化，使这种礼仪失去了原有的敬意，所以孔子才不去遵从。

这两件事情，都是大家在做的，甚至是已经习以为常的。

然而，孔子的做也好，不做也罢，并不是简单地从众，而是从道。

就衣着而言，在其基本生活功能的基础上，才会发展出社会的要求、礼仪的要求。

因为人要在社会中生存，所以，社会的要求才是更为重要的东西。

可以说，在衣着问题上，人区别于动物的，不仅在于有无，更在于得体与否。

衣以蔽体，衣以御寒，这是衣着服饰的实用基础，孔子非常在意这一点。

在实现实用目的的同时，还要注意不影响其他活动，如家务和睡眠。

再进一步，还要注意样式和颜色。

最后，更要注意穿着者的身份和穿着的场合。

综合以上所有，才有礼仪方面的要求。

可见，在衣着服饰方面，孔子的做法既顾及了普通人的生活和生产需要，也强调了美观和礼仪的规定。

从本质上说，在孔子这里，美观和得体是一致的，实用与礼仪是一致的。

衣着要美，既要有形式的美，更要有得体的美。既要有个体感觉的美，更要有社会认可的美。

事实上，形式和内容的统一才是彻头彻尾的美。

这依然是由凡而圣、由圣即凡的路径。

那么，一旦形式与内容发生冲突的时候，孔子又怎么办呢？

孔子说："士志于道，而耻恶衣恶食者，未足与议也。"①

追求仁义之士，如果不能忍受恶劣的物质生活条件，反而片面讲求吃穿，在孔子看来，是不值得与其交往的。

这并不是说仁义之士就喜欢恶衣恶食，而是说当大道与物欲发生冲突时，他们不会以恶劣的生活条件为耻。

如果追求大道与美衣美食相一致，那是再好不过的，并且也是士人的追求。

如果追求大道无法与美衣美食保持一致，士人也不会为此而发愁，只会欢欢喜喜地过着他的恶衣恶食的生活。

在这方面，孔门之中就有活生生的例子。

孔子称赞子路说："衣敝缊（yùn）袍，与衣狐貉（hé）者立，而不耻者，其由也与（欤）？"②

子路出身破落贵族之家，时常会穿着破敝之衣与穿着裘皮之衣的上层人物相往还。一般人受不了这种生活反差的刺激，

① 《论语·里仁第四》。

② 《论语·子罕第九》。

总以为耻，但子路却并不以为意，因为他心中装着孔子的大道，在人格上并不低于穿着狐貉之衣的大人物。

这正如孔子一再宣称的，“富与贵，是人之所欲也，不以其道得之，不处也；贫与贱，是人之所恶也，不以其道得之，不去也”①。

孔子是凡人，也向往着“富与贵”的生活，也不希望过“贫与贱”的生活。

但是，向富去贫也好，向贵去贱也罢，一定得有一个明确的标准。

在孔子那里，这个标准就是“道”。

在穿衣吃饭的问题上，孔子虽然有着理想的追求，有着可以操作的标准和模式，但这些美好的愿望能否实现或应该不应该追求，都是以持守大道为前提的。

其实，日常生活中并无小事。

对于真君子来说，真正能经受得住考验的，并不仅限于大是大非的问题，更要看他如何处理好日常生活中无数的点滴小事。

经过了无数的平凡，才能达到不凡。

在中国的传统观念中，有所谓“民以食为天”之说。这里的“民”字与“人”字通用，“天”则意指最高、无与伦比。

中国的饮食文化博大精深，饮食习惯多种多样，到现在已经形成了无数的菜系。而所有这些发展，与孔子的饮食观有着直接的关系。

与衣着服饰问题一样，关于饮食问题，孔子也有诸多具体要求，更有礼仪上的提升。

---

① 《论语·里仁第四》。

1.食不厌精，脍不厌细。

2.食饐(yì)而餲(ài)，鱼馁而肉败，不食。色恶，不食。臭恶，不食。失饪，不食。不时，不食。

3.割不正，不食。不得其酱，不食。

4.肉虽多，不使胜食气。

5.祭于公，不宿肉。祭肉不出三日。出三日，不食之矣。

6.不撤姜食。不多食。

7.食不语，寝不言。

8.虽疏食菜羹，瓜(必)祭，必齐(斋)如也。齐(斋)必变食。①

与对衣着的记载一样，《论语》中关于孔子的饮食要求方面的记载，也涉及由于时间久隔而难以准确把握的问题。我们的理解同样有一定程度的勉强。

1.食，主食。精，精致。脍，切割或烹饪的肉食。细，细致。朱熹说："食精则能养人，脍粗则能害人。"不厌，是说食物尽量往精细里做，但并不是说非精细而不吃。

在孔子那里，精细是一种理想追求，并不是不讲条件的挑剔。

2.什么样的食物，什么情况下的食物，是不可以再吃的，孔子列举如下：

天热变味的，肉、鱼腐烂的，颜色不对的，味道不对的，半生

① 《论语·乡党第十》。

不熟的,季节不对、没有长成的。从物理上讲,这些食物都是有伤身体的。

3.这是对食物外形的要求。食物的切割方法对人的胃口是有影响的,比如肉食的纹理,菜品的大小形状,都是应该有所讲究的。至于不同的食物配以不同的酱料,也应该是有一定规则的。

总之,这些方面对于食物“色、香、味”的影响是不可忽视的,而这些方面又是容易形成相关礼仪的。

4.即使肉食准备得较多,不太缺乏的时候,在摄入量上也不要超过以谷物为主的主食。这考虑的应该是肉食不好消化,用现代人的说法是,热量太多,容易增多脂肪。

古人虽无这类说法和认识,但以人的实际感受为基础,以经验为基础,还是觉得以谷物类食物为主食,对健康更有利。

人们之所以把五谷杂粮称为“主食”,把肉禽称为“副食”,也不是没有道理的。

这种对于进食的考虑和对于肉食的限制,总体上讲还是相当必要的。

5.如上所言,肉食在孔子时代并非容易得到的食物。

根据“周礼”,国君举行祭祀时,会有大夫以上的官员参与。祭祀结束后,祭祀中所用肉品,即所谓“胙(zuò)肉”,要由国君赐分给参加祭祀的大夫。这样的肉应该是上好的肉品,但由于祭祀活动时间通常较长,这些肉品露天摆放的时间也长,所以,从食品卫生上讲,不宜再让它们过夜,这就是“不宿肉”,即不宜再让这些肉放到第二天了。

当然,古来也有所谓“不留神惠”的说法,意思是不要慢待神灵的恩惠,因为祭肉是献给神灵的。这是“不宿肉”的形而上意义,事实上与食品安全的考虑也是一致的。如果隔夜再食用,一旦腐坏,自然也是对神灵的不敬。

至于家中所用祭肉,孔子要求,不宜超出三天之后使用。这可能是家祭时所用祭肉相对保存的条件要好一些,比如更多地是在室内举行等等。但即令如此,超出三天的也不要食用了,因为腐败的可能性也增大了。

6.除了对食物本身的要求,对于食用的过程和方法,孔子也有要求。

如这一章就说,在进食的过程中,姜要一直使用,因为按照古人的理解,姜有“通神明,去秽恶”的作用,所以在进食的过程中不能撤下。

所谓“通神明,去秽恶”,用现在的话说是杀菌消毒。

至于“不多食”,是说进食不要过量。这是一种健康的进食理念,正在为现代人越来越广泛地接受之中。

7.这里所说的“语”和“言”,其实并不涉及主动与被动,尽管这两个字有时是有主动和被动的区别。

孔子之所以要求吃饭和睡觉时不要言语,是以健康为基础、礼貌为目的的。

吃饭和睡觉时说话对健康的影响,已经被现代科学研究所证实。孔子所得,想必是来自经验。

特别是边吃边说,对健康的影响和礼貌方面存在的问题,应该是不难观察到的。

8.在孔子时代,祭祀或斋祭还是社会生活和人们日常生活中的大事。

孔子虽然没有明确的鬼神观念,但对于祭祀的积极作用还是比较认可的。

所谓“疏食菜羹，必祭”，显然是指进食之前的家祭，即供奉故去的先人，这与孔子对孝道的强调是一致的。斋如，形容很严肃庄敬的样子。

至于“斋必变食”，是指在一些规定的斋祭之日，孔子要求在食物上要有所节制，比如不饮酒、不食荤等。不用说，这些方面的规定，也是合理饮食与礼仪规定的统一。

有趣的是，孔子是饮酒者，并且对饮酒也有一定之规。如：

> 沽酒、市脯，不食。
>
> 乡人饮酒，杖者出，斯出矣。
>
> 惟酒无量，不及乱。①
>
> 子曰：“出则事公卿，入则事父兄，丧事不敢不勉，不为酒困，何有于我哉？”②

看起来，孔子未必喜欢喝酒，但能喝酒是一定的。

不管是能喝，还是喜欢喝，在孔子那里，饮酒一向有规矩。

规矩之一是“沽酒不食”，沽者买也，意即从外面随便买来的酒是不喝的。

在中国酒史上，春秋时代是一个兴盛期，需求刺激供给，私酿之酒肯定不少。

当时的酒是米酒，要有相当复杂的技术，较多的过滤环节，才能保证酒的质量，特别是卫生。

孔子不主张去喝那种从外面买来的酒，原因多半是这种酒不够洁净安全。

---

① 《论语·乡党第十》。

② 《论语·子罕第九》。

规矩之二是，饮酒要注意场合和礼仪。

孔子举例说，与邻里共饮结束时，扶杖行走的老年人离席之后，年纪较少者才可以离开。

规矩之三是，一个人喝多少酒，以每人的酒量为准，不应该有整齐划一的规定。

但有一个规定是一样的，那就是“不及乱”，即“不为酒困”。不要因酒生乱，不要受困于饮酒。换句话说，如果控制不好酒量，就是饮酒过度，从而导致言行失度，被酒精所左右。

过量饮酒能使人理智失控、精神错乱，看来古今都是一样地被人厌恶，以至于孔子很严肃地说，一个人只要做好四个方面的事情，就不会有任何问题了。

这四个方面的前三项是，在社会上侍奉好上级，在家里侍奉好长者，有了丧事则须勤勉处理好。

第四项是“不为酒困”。孔子单独提出了饮酒的问题，说明这在当时是个非常重要的社会问题。

为酒所困，就是因醉酒而乱神乱志乱行。夏、商、周三代以来，酗酒乱政就是社会上层的老大难问题。

夏朝始于帝启，帝启的父亲是大禹。根据传说，正规的酒就出现在大禹时代。

> 昔者，帝女仪狄作酒而美，进之禹，禹饮而甘之，遂疏仪狄，绝旨酒，曰：“后世必有以酒亡其国者。”①
>
> 仪狄为酒，禹饮而甘之，遂疏仪狄而绝旨酒，所以遏流湎之行也。②

---

① 《战国策·魏策二》。

② 《淮南子·泰族训》。

酒的发明者,史上记载有数人,仪狄是其中之一。

其实,所谓发明,更应该说是酿酒技术的改进或定型。

仪狄造酒成功之后,把这种定型的酒献给大禹,大禹饮后,觉得味美可口,但易让人成瘾,致使过量饮用之后头脑昏愦。

大禹是上古时代有名的英明之主,他马上意识到了饮酒成瘾的害处,决定立刻戒酒,并且疏远了仪狄,认为仪狄是个做事欠考虑的人。

然而,令人百思不解的是,人们都知道饮酒有害,但人类并没有经受住美酒的诱惑。所谓"旨酒",就是美酒。

古今中外的政府都有过禁酒之举,但都以流产或失败而告终。

在商朝,饮酒之风有增无减,殷商甲骨文中有大量上层社会用酒、饮酒的记载。商王朝毁于纣王之手,人们认为纣王嗜酒是原因之一。

在周朝初年,周公就写过《酒诰》,对上层贵族的嗜酒成瘾提出了严厉的告诫。

但是,孔子却有足够的理性思考,对饮酒并没有采取全盘否定的态度,而是强调了节制。

孔子时代的米酒,虽然不烈,但经过发酵,也是有酒精度的。过量饮用,到了醉酒的程度,与后世饮用烈酒而醉危害是一样的。

孔门上下,没有因为饮酒而失态误事的记载。

与饮酒相似,孔子对于药物的态度也值得注意。

孔子虽然人高体大,但自五十五岁之后,经过了周游列国十四年的漂泊,经受了无数的艰难困苦,多次病危。所以,晚年回到鲁国后，也经常生病。

有一次，病中的孔子得到了季康子馈赠的药品。孔子很礼貌地接受药品后，又平静地告诉季康子："丘未达，不敢尝。"①

季康子是鲁国上卿，也是鲁国季氏家族的首领。当时的季氏掌握着鲁国的大部分资源，季康子赠药给孔子，足见孔子的威望之高。

从礼仪上讲，季康子虽然是孔子的学生，但毕竟是上卿，所以孔子也相应地行了拜受之礼。

根据周礼，凡是地位高于自己的人赐赠食物，都应该当面尝食，以示尊敬。但药物不同于食物，所以，孔子径直告诉季康子，我对于你给的这些药的药性还不了解，不敢现在就尝服。

这其中，既有常识的一面，也有依礼而行的另一面。

孔子是懂医术之人，曾有弟子冉伯牛得了重病，孔子前去探问。可能是伯牛的病有传染性，所以孔子并没有进屋子里去看，而是从窗户里拉住伯牛的手，嘴里还念叨着："亡之，命矣夫！斯人也而有斯疾也！斯人也而有斯疾也！"②

"亡之"，是已经没有救治之方的意思，所以才说是"命矣夫"。因为个人的生死，特别是天灾重疾，基本上是患者自己无法左右的，特别是在古代。孔子之所以称之为"命"，只是强调个人是无法抗拒的。

说到"斯人也而有斯疾"，字面上是说为什么这样的人会得了这样的病，但字面之下的意思，却是称赞伯牛的为人，慨叹为什么好人命不工。

这一场景，通常认为是孔子为伯牛号脉，诊断疾病，否则不

---

① 《论语·乡党第十》。

② 《论语·雍也第六》。

会说出那些话来。

孔子的号脉，孔子的叹息，就是普通人之间的交流方式。

但是，就在这样的时候，孔子也没有忘记肯定伯牛的德行[①]，却又是超越普通人的一种思考和表达了。

与人相交，贵在有诚意，贵在知礼循礼。

在衣食住行的基本需求之中，最基本的应该是粮食，但哪怕就是对于这种最基本的东西，孔子也能够在关键的时候做出超越的行动。

《论语》记载，就在困苦无限的十四年的周游中，孔子一行人在陈国断绝了粮食来源。可能这次断绝的时间很长，以至于同行者中有人因此而生病，并且病到不能起立行走。

就在大家一筹莫展的时候，子路首先表态了。

这是子路的一贯做法。他是军人出身，朴实率真，有想法不能憋在心里。

子路面带愤懑之色去见孔子，劈头就是一句："君子亦有穷乎？"

这个"穷"，是穷途末路的意思。物质生活上的贫穷，当时是用"贫"字表达。

子路的意思是，老师您一直把君子的地位、作用和能力抬得那么高，难道这样的人还会走在穷途末路上吗？

东汉哲学家王充引用孔子的话说："君子有不幸而无有幸，小人有幸而无不幸。"[②]

君子肯定会遇到困顿，但那是偶尔的不幸；君子的一切顺成

---

① 《论语·先进十一》："德行：颜渊、闵子骞、冉伯牛、仲弓。"

② 《论衡·幸偶篇》。

之事，都是其行为得当的结果，而不会是侥幸所得。

小人虽然也会有所得，但其所得只会是侥幸；长远来看，小人不会行走在坦途上，这是其行为失当的必然结果，而根本谈不上什么不幸。

这样看来，君子遭遇困顿，只是一时的挫折，不必大惊小怪。用孔子的话说就是："君子固穷。小人穷，斯滥矣。"①

所谓君子"固穷"，是固守穷途的意思，因为这样的穷途是暂时的，也是一种表面现象。只要守道不贰，穷途之后定有前途。

所谓小人之"滥"，是说当小人走上穷途时，就会失控滥行，就会为非作歹、一意孤行了。

在此，孔子是凡人，他承认断粮和饥饿能够给人造成困顿的处境。

在此，孔子是不凡之人，他超越了人的基本物质需求，看到了人的精神追求才是根本所在。

二、行不厌适，居不厌仁

在日常起居方面，孔子的要求和做法又是什么呢？

起和居，既可以分说，又可以合讲。

在衣食住行方面，起是行，居是住。

---

① 《论语·卫灵公十五》。

在传统儒家的修养中，就可见的行为而论，有著名的“六艺”，即礼、乐、射、御、书、数。其中的“御”是指驾驭马车或牛车，这是当时社会中上层人士的主要出行方式。

对于孔子而言，驾车而行，是其日常生活的一个重要方面。

孔子不仅属于有车一族，而且属于驾车一族。

对孔子而言，车子是为了实用，而不是用来炫耀。

孔子最心爱的弟子颜回去世后，有棺而无椁。颜回之父颜路，请求孔子把车子卖掉，以使颜回有棺有椁，葬得更为体面一些。

这一要求，使孔子陷入两难。

孔子与颜回情同父子，以人之常情而论，车子卖掉还可以再买，但颜回下葬却不能等到以后。

再三思考之后，孔子决定不能卖车，因为“才不才，亦各言其子也。鲤也死，有棺而无椁。吾不徒行以为之椁。以吾从大夫之后，不可徒行也”①。

以亲情而论，孔子的儿子孔鲤去世时，也是有棺而无椁，所以，不为颜回加椁，并不表示不亲近颜回。

以现实条件而论，是否棺椁齐备，宜与经济状况相一致。

以理而论，周游列国中的孔子，必须与各国大夫相往还，以求获得从政的机会，进而实现其政治抱负。在此过程中，出于以礼仪相往还的需要，必须有车使用。

礼仪需要决定了用车，也决定了坐车的方式。

《论语》记载了孔子坐车的礼仪。所谓“升车，必正立执绥。车中，不内顾，不疾言，不亲指”②。

---

① 《论语·先进十一》。

② 《论语·乡党第十》。

上车时，先要面车正立，然后手挽上车专用的绳索登车，因为那时的车都是大车轮、高厢体。

这样做，既是安全的需要，也有礼仪的要求。

坐在行驶的车中，不回头看，不发突然之语，不亲手指指点点。这主要是为了不打扰和惊吓到驾车之人，同时避免让车下之人觉得你有炫耀之意。

这同样是既有安全的需要，也有礼仪的要求。

由此可见，礼仪来自生活现实的实际要求，是实际生活要求的升华。

在这些方面，孔子由凡俗的生活上升到周全的礼仪，掌握得非常到位和得体。

孔子也喜欢驾车。

曾有时人大声喊出："大哉孔子！"孔子太伟大了啊！

此人为什么这么认为呢，原来是说孔子"博学而无所成名"。

意思是说，孔子很博学，但却让人不知道他在哪些具体方面有所成就。

对此，有人认为是讥讽孔子，有人认为是赞扬孔子。

要弄清这一点，得看孔子是如何回答的。

孔子在听到人家的如此说法之后，对弟子们说："吾何执？执御乎？执射乎？吾执御矣。"①

孔子是说：这样一来，我是不是要做点儿什么具体事情呢？那么，是去驾车呢，还是去射箭呢？我看还是驾车吧！

孔子如是说，显然是调侃之语。

---

① 《论语·子罕第九》。

在当时,孔门内外,都有人认为孔子的事业太过虚无缥缈,孔子本人也是无有一技之长。对于这样的误解,孔子显然无法一一应对,也无法骤然说明,只好以玩笑之语作答。

不论孔子的回答是自嘲还是反驳,都让我们看到孔子确有驾车的本领。

如果这个世界真的不能接受孔子的主张,以至于让他无法依靠传播大道而生存,孔子甚至可以选择去做个车夫,以体力而自存。

在外出旅行的车上,孔子也会与弟子们进行思想交流。

孔子周游列国之初,第一站选择的是卫国。

卫国是鲁国的邻国,文化相近,又有孔子的许多朋友在那里。

此次出行途中,驾车的是冉求。此时的冉求尚未从政,但从政的渴望显而易见。

当孔子一行人进入卫国之后,孔子看到路上行人很多,地里务农的人也不少,就不禁感慨:“庶矣哉!”就是说,“人口已经不少啦”!

古代中国是传统农业社会,劳动人口的多少直接决定着生产力的发达程度。

驾车的冉求听到后,马上适时请教:“既庶矣,又何加焉?”人口已经达到了相当规模,接下来应该做些什么呢?

冉求当然是说治国当政者应该做些什么。由此可见,冉求的从政意愿是相当强烈的,对治国的问题也是相当敏感的。

孔子回答说:“富之。”让人民富裕起来。

发展经济是治国的基础,而经济发展的结果应该是让人民得到实惠。显然,孔子并不轻视人民的经济利益,这种观念深刻影响了冉求的思想。冉求到后来成为季氏家族的大管家，帮助季氏理财，不能不说是受了孔子这一思想的影响。

冉求并不满足，接着又问："既富之，又何加焉？"人民富裕之后，当政者还应该做些什么？

冉求想必并不满足于做一个经济主管，还想再有所发展。但孔子的回答一下浇灭了他心中的热火，因为孔子的答复是："教之。"①

所谓"教之"，就是道德教化和思想教育，这是冉求最不擅长的。在另外一个场合，他明确对孔子和同门们表示："如其礼乐，以俟君子。"②我只负责发展经济，礼乐教化之事，另请高明。

但不管怎么说，周游列国途中，驾车人和乘车者之间的交流，为孔子一行人的旅行生活增添了不少色彩。

他们都是爱生活的普通人，也是设计生活的不普通的人。

当离开了驾车远行，当到达住所、回到家中的时候，孔子又有什么样的表现和要求呢？

首先是对居住地的选择。

孔子说："里仁为美。择不处仁，焉得知(智)？"③

"里"是里巷、街道的意思，在这里是用作动词，指选择居住之地。

里仁，是选择仁厚之地，即社会风气比较好的地方去居住。

根据最新的考古发现，孔子时代的"仁"字并不是如此写法，而是由"上身下心"组成的一个字"㣧"，意为身心和谐。"仁"则是秦汉以来的简写字，所谓"二人为仁"的说法也是后人

① 《论语·子路十三》。
② 《论语·先进十一》。
③ 《论语·里仁第四》。

的望文生义。

居住地要选择和谐之所，相当于现在所说的高尚小区。

另外，孔子在此称“仁”，不是指他的思想学说中的仁义道德，所以并不是故弄玄虚。

选择社会风气好的地方居住，这也是普通人的正常选择。

邻里关系，不仅影响日常生活，更关乎下一代的成长。孟子的母亲三迁其居，正是说明了这个问题。

孔子接着强调，如果明知有仁厚之地，或者能够住在仁厚之地，却不去居住，那就是不明智的表现了。

显然，对于不处仁而居，孔子的批评比较和缓。这主要因为，选择居处要受经济条件和社会地位的制约。

与对待衣食一样，择仁而居，也只是一种理想的状态。

正因如此，孔子才说：“士而怀居，不足以为士矣。”[①]

所谓“怀居”，就是孔子说的居而“求安”[②]。

“怀居”和“求安”，都是指过度安逸的居处。

君子要择仁而居，但居处的质量却是要量力而行，不必片面追求奢靡。而“怀居”和“求安”则是把身体的外在享受放在了首位。这样的人，当然称不上是追求大道的士人了。

有了合适的居处，在住处之内，孔子的表现也是后人的典范。

1.子之燕居，申申如也，夭夭如也。[③]

---

① 《论语·宪问十四》。

② 《论语·学而第一》：“君子食无求饱，居无求安。”此所谓饱，是指餍足。

③ 《论语·述而第七》。

2.席不正，不坐。

3.寝不尸，居不容。[①]

1.所谓“燕居”，即安居，指孔子闲暇无事、在家休息之时。申申，形容其身体放松的样子；夭夭，形容表情欢愉的样子。

2.不论是休息之时，还是在其他场合，正式的和非正式的，当孔子要坐下之时，一定会把坐席摆正。这看上去是礼仪的问题，实际上也关乎坐下来之后的舒适度的问题。

3.所谓“寝不尸”，是说不要趴着睡；所谓“居不容”，是说安居之时，身体和表情都不必太拘谨。这依然是礼仪与实用的完美结合。

“不正不坐”、“不尸”和“不容”，显然是源之于生活，又高于生活。

事实上，在孔子思想中，任何礼仪都是对生活品质的一种提高，而不是对生活的扭曲和强求。

在饮食起居的方方面面，孔子的要求都是从普通人的起点出发，从最平凡的欲望做起，最后达之于礼仪的最高处。

在具体的落实方面，孔子的做法也是符合实际的。

最高标准是奋斗目标，但没有条件时也不强求。

在孔子那里，高尚而有品位的生活与快乐的人生是一致的。

那么，孔子的快乐是什么？

---

① 《论语·乡党》。

第六章　喜怒哀乐，人生常态

喜怒哀乐，乃是高等动物的本性，人类也不例外。

不同的是，喜怒哀乐的原因和结果，人与动物有着本质的区别。

人的喜怒哀乐，虽然有其本能的一面，但会更多地受到社会因素的影响，并由此而成为人生的常态。

凡人孔子，在表现其喜怒哀乐方面，既有寻常人的一面，也有不寻常的另一面。

对于喜怒哀乐，孔子有明确的说法，也经常利用评说他物的机会予以表达。

比如，孔子是研习《诗经》的专家，在研习《诗经》的过程中，他就有一些经典的关于喜怒哀乐的论断。

现存《诗经》的首篇是著名的《关雎》。

(1)关关雎(jū)鸠，在河之洲。窈窕(yǎotiǎo)淑女，君子好逑(qiú)。

(2)参差荇(xìng)菜，左右流之。窈窕淑女，寤寐求之。

(3)求之不得，寤寐思服。悠哉悠哉，辗转反侧。

(4)参差荇菜，左右采之。窈窕淑女，琴瑟友之。

(5)参差荇菜，左右芼(mào)之。窈窕淑女，钟鼓乐之。

诗中所言，是一位君子想求得一位淑女为伴，并为此而辗转反侧，无法入眠。但是，当这位君子未能得到这位淑女垂青的时候，他并没有失态，而是采取了优雅的方式，以琴瑟和钟鼓讨其欢喜。

对此，孔子的评论是："《关雎》，乐而不淫，哀而不伤。"①

在孔子看来，即使是修养到家的君子，遇到人生的喜事和挫折，也会表现出应有的快乐和忧伤。

面对那些人生必有的快乐和忧伤，君子都能够稳妥把持，不失其度。

孔子所言"淫"，是过度的意思，如淫雨绵绵之"淫"。

"伤"则是指伤害到身心的过度忧伤。

见到中意的淑女，君子非常快乐，但这分快乐是有分寸的，至少要做到彬彬有礼。

所谓爱美之心，人皆有之。君子求淑女，也是正常不过的事情。

可惜的是，不知道因为什么原因，君子"求之不得"。

因为"求之不得"，君子陷入哀痛之中。这种情绪也属正常。

"寤寐思服"，白天黑夜都是思念；

"辗转反侧"，到夜晚难以入眠。

这看上去已经哀痛得很严重了，但君子也就仅限于此，绝不

① 《论语·八佾第三》。

会因此而伤害到自己。

于是乎,君子以文明的、合理的、合乎礼仪的方式,努力去获得淑女的好感。

这难道不就是君子遇事"乐而不淫,哀而不伤"的最佳见证吗?

不用说,在孔子看来,喜怒哀乐乃是人生之常事,而能够把持得当,甚至在恰当的时候予以升华,那就是难能可贵的了。

弟子子夏说:"君子有三变:望之俨然,即之也温,听其言也厉。"①

《论语》记载:"子温而厉,威而不猛,恭而安。"②

弟子眼中的孔子必是君子之人。

若说此"三变"是孔子之态,也不是过分之辞。

这样一来,孔子由神态之俨然,到表情之温和,再到言辞之严厉,就有着一系列的喜怒哀乐情绪的表现。

弟子子贡称孔子有"温、良、恭、俭、让"③之德,这样的情绪表现,同样伴有喜怒哀乐的成分。

故此,我们就必须要具体观察和体味孔子的喜怒哀乐了。

---

① 《论语·子张十九》。

② 《论语·述而第七》。

③ 《论语·学而第一》:"子禽问于子贡曰:'夫子至于是邦也,必闻其政,求之与(欤)?抑与之与(欤)?'子贡曰:'夫子温、良、恭、俭、让以得之。夫子之求之也,其诸异乎人之求之与(欤)?'"

一、孔子之喜

喜悦的表现是人之本能，只是促发人之喜悦的因素多种多样。

在相关文献记载中，孔子的喜悦之情更多地是与人的社会责任相关联的。

本书在讨论孔子的孝论时，曾提及孔子说过的话，“父母之年，不可不知也。一则以喜，一则以惧”①。

因父母之年高而喜，显然是喜悦之情由人的自然本能向社会属性的一种升华。

在《论语》中，喜有二义，一为欢喜，一为习惯于做什么。其中的欢喜之义，更多的场合是用“说(悦)”来表达，即喜悦之义。

《论语》开首语就说，孔子声明：“学而时习之，不亦说(悦)乎？”

这样的开首语虽然不一定有多少重大意义，但孔子以学和习为喜悦，显然是纯粹的人的社会属性的表现了。

朱子的注释是：“既学而又时时习之，则所学者熟，而中心喜说，其进自不能已矣。”把中心喜欢与不断进取相联系，可谓更深入地理解了孔子的用意。

在《论语》首章，孔子还有因为四方朋友的来到而“乐”，以及不因不被当权者任用而“愠”，可谓即喜怒哀乐之情齐备，说明孔子也是个俗人。

但孔子之喜怒哀乐又全因人的社会属性而发，说明孔子又

---

① 《论语·里仁第四》。

不是个俗人。

孔子一生求仕，视从政为人生的第一要义，但是，

> 子使漆雕开仕。对曰：“吾斯之未能信。”子说（悦）。[1]

漆雕开是孔子弟子，大约在孔子中年时入学孔门。孔子五十多岁在鲁国从政时，多任用其弟子。在此之前，孔子也曾推荐其弟子从政。

孔门之教的目的虽然有从政一途，甚至是最重要的一途，但孔子并不要求弟子们无原则地从政。弟子中虽然有像冉求和子贡这样的从政成功者，但也有颜回、闵子骞这样的拒绝从政者。

故此，当漆雕开以“吾斯之未能信”为由推辞了孔子让他从政的要求时，孔子没有因为被拒绝而失望，反而是马上表现出了“悦”。

这就是说，漆雕开提出的理由，是被孔子认可了的。但自古以来，漆雕开之“未能信”，到底是不能信什么，说家解释颇多。

相关观点主要分为两派，一派认为是漆雕开对自己的从政能力缺乏信心，一派认为是他对当政者或当时的政治形势缺乏信心。

按理说，既然孔子要求漆雕开从仕，应该是肯定了这位弟子的确具有从政的能力。可漆雕开却推辞了。孔子并没有追问推辞的原因，而是直接以喜悦作了肯定。

这或许只是说，孔子虽然热衷于从政，希望亲手去改变当时的政治方向，但在他内心深处，还是对政治有着极大的敬畏

---

① 《论语·公冶长第五》。

之心。

这样一来，真有弟子不喜欢从政，不管是对自己还是对政治缺乏信心，孔子都不会强求，而且觉得他们选择了一条负责任的或者是安全的生活道路。

唯其如此，孔子才会发出内心的喜悦。

当然，这样的喜欢依然是后天的喜悦。

孔子有喜悦的表现，也有对喜悦本身的思考。

孔子说："巽与之言，能无说（悦）乎？绎之为贵。说（悦）而不绎……吾末如之何也已矣。"①

孔子的意思是说，与严厉的批评相比，那种委婉而动听的劝导之语是人们都喜欢听的。但是，如果只停留在喜欢听的层面，而不去寻绎这类言语背后的真实含义，孔子就不很赞成了。

由此可见，孔子的喜悦不仅有形式，也有内容。

孔子反对虚华之行和表面文章。

所谓欢喜，应该是外表与内心的统一，甚至心中的喜悦更为重要。

周游列国时的孔子曾经与楚国政治家叶公有过思想交流。

叶公，是楚国叶县的行政长官，名沈诸梁，字子高。

叶公向孔子问政，也就是请教如何治理国家的问题。

孔子的回答简明扼要，他说："近者说（悦），远者来。"②

孔子的这一政治格言为历代有识之士所传诵。

孔子所说近者和远者，是指被统治者。

近者是已经在其统治范围内的，基本是指本国的；远者是尚

---

① 《论语·子罕第九》。

② 《论语·子路十三》。

未接受其统治的，基本上是指他国的。

只有近者从内心里感到喜悦，远者才会赶来接受其统治。

这两者之间是因果关系，其基础则是内心的喜欢。

被统治者内心的喜悦，才是对统治者的真正肯定。

谈到周朝初年的政治作为，孔子非常赞成当时的种种政治举措，认为这些举措的结果是使“天下之民归心焉”，具体来说则是“宽则得众，信则民任焉。敏则有功，公则说（悦）”①。

因为周初的政治让老百姓感受到公平公正，他们才会表现出喜悦，也就是内心的归顺。

此处的公平公正，至少包括对百姓宽容、政策被百姓相信。

这些做法表现出了“敏”的精神。

“敏”，在此是审慎的意思。

后来，当孟子讲述孔子弟子对孔子的无限崇敬时，使用的是“中心悦而诚服”②的话。

真正的喜悦是发自内心的，是内外一致的。

《中庸》强调：“不诚则无物。”

这可以说是深得孔子之喜悦观了。

当然，有喜悦，就会有“不悦”。

在孔子看来，有“君子之不悦”。

> 君子易事而难说（悦）也，说（悦）之不以道，不说（悦）也。……小人难事而易说（悦）也，说（悦）之虽不以道，说（悦）也。③

---

① 《论语·尧曰二十》。

② 《孟子·公孙丑上》。

③ 《论语·子路十三》。

君子和小人都是社会角色，所以孔子以“道”定义他们各自的悦和不悦。

君子和小人都有喜悦之事和喜悦之色。君子之悦来自道，小人之悦则来自非道。

同样，君子和小人都有不悦之事和不悦之色，只是引发他们不悦的原因或标准完全不同。

君子与小人的区别，并不在于悦和不悦，而在于道与非道。

泛泛而言，所有的人都会追求悦，排斥不悦。

悦与不悦，不能抽象地加以肯定或否定，而是要看其依据是不是道。

这个根本标准，就把社会属性的人提升到了最高境界。

在孔子那里，还有“颜回之无所不悦”和“子路之不悦”。

> 子曰：“回也非助我者也，于吾言无所不说（悦）。”①
>
> 子见南子，子路不说（悦）。夫子矢之曰：“予所否者，天厌之！天厌之！”②
>
> 公山弗扰以费畔，召，子欲往。子路不说（悦）。

从个人情感上讲，颜回和子路是孔子最心爱的两位弟子。但在他们二人与孔子的相处中，颜回对孔子所言表现出了“无所不悦”，而子路则常因为孔子的某些行为而“不悦”。

面对颜回的“无所不悦”，孔子的反应是，虽然言语评价中似乎对此有所遗憾，但内心之中是欣赏颜回的好学和悟性的。

---

① 《论语·先进十一》。

② 《论语·雍也第六》。

所以,颜回的"无所不悦"引发了孔子的无限喜悦。

对于子路的"不悦",孔子的反应也是一样的。虽然竭尽全力来解释,但内心之中是肯定子路的立场的,所以才没有与名声不佳的南子继续交往,更没有接受叛乱者公山弗扰的邀请。

这样一来,子路的"不悦",最终还是换来的孔子的欣赏和喜悦。

可见,悦与不悦是相对的,也是可以转化的。

判断悦与不悦,不要局限于形式,而是要看内容。

因为坚持了这样的原则,孔子之喜之悦,才从个人的情感开始,最终超越了情感的短暂要求,达到了与"道"一致。

二、孔子之怒

在《论语》的记载中,有各种人等的发怒,情形也各不相同。

孔子有发怒的时候,也有克制的时候,同时也对发怒本身发表了自己的意见。

尽管孔子一生中不顺利的时候居多,但他从根本上并不赞成因此而长期地处在怨恨和愤怒之中。

在著名的《论语》首章中,孔子就断言:"人不知而不愠,不亦君子乎?"①

愠,是含怒而不发之意。

---

① 《论语·学而第一》。

对于古代知识分子而言，最大的人生打击，莫过于不被当政者知用，因为从政是他们施展人生抱负的最重要的途径。

所以，孔子才说，只有不被知用时而不怀怨恨者，才是真君子，即那种修养到家的人士。

这就是古人所谓“学在己，知不知在人”。

尽管知与不知、用与不用不能完全由自己左右，但愠与不愠、怒与不怒，却是个人可以掌控的。

这也说明，愠怒之事，怨恨之情，既是难以避免的一种情绪，也是可以控制的情绪。

虽然怨恨之情是人所共有的，但这并不是说它的表现在任何时候都是合理的。当弟子樊迟请教什么是“辨惑”，即明辨迷惑的问题时，孔子的回答是：“善哉问！……一朝之忿，忘其身，以及其亲，非惑与（欤）？”①

樊迟是行伍出身，发怒之时，容易以武力解决问题，从而有可能酿成杀身大祸，进而危及其亲人。所以，孔子严厉指出，对于樊迟来说，因为一时的愤怒而殃及亲人，就是最大的迷惑和愚蠢。

怨恨乃至愤怒乍看上去并不是不正常的事情，但如果不能防微杜渐，甚至不能加以克制，最终就可能铸成大错。

然而，世间之事，明其理是一回事，遵其行有时会是另一件事。作为凡人的孔子，有时也走不出这个怪圈。

弟子冉求是孔门中杰出的从政者，因多才多艺，并充满政治智慧，而在鲁国政坛上表现卓著。

冉求出自孔门，深明孔子的政治主张和原则，但在具体运用

---

① 《论语·颜渊十二》。

中，却比孔子多了几分灵活性，并为此而多受孔子的批评。

从一些相对较小的事情开始，比如冉求的主人季氏，因为掌握着鲁国大部分政治资源，就单独去祭祀泰山，而这种祭祀本应该是由鲁国君主来主持的。

事情发生后，孔子对冉求说："女(汝)弗能救与?"这是说，冉求你身为季氏家宰，就不能挽回季氏的决定，阻止季氏僭越周礼的行为吗？

冉求回答得很明白："不能。"于是孔子不禁浩叹："呜呼！曾谓泰山不如林放乎?"[①]难道泰山之神还不如林放知礼吗？

林放是当时鲁国知名的懂礼之人。孔子的意思是说，难道泰山之神真能接受季氏的无礼祭祀吗？

在这个过程中，孔子虽然对冉求不满意，但还没有把怒气发在冉求身上，因为孔子也知道冉求的权力和能力是有限的。

但是，当另一件事情发生时，孔子的怒气就完全冲着冉求暴发了。

据《左传·哀公十一年》记载，孔子晚年时，季氏决定增加百姓的赋税。当时，加赋加税已经成为各国通行的法则。这其中有国家增加军力的需要，但也有当权者个人贪婪的成分。

为减少社会上的反对声音的冲击，季氏很想在加税的问题上得到孔子的支持，就委派冉求去征求孔子的意见。

此时，结束了周游列国的孔子，回到鲁国之后多受季氏礼遇。季氏首领季康子觉得，孔子应该以支持加税作为回报。

孔子看重人情，怎能不知季康子的心思。

孔子更是人民利益的维护者，这是孔子行事的底线。

---

① 《论语·八佾第三》。

其间的孰重孰轻，孔子自然明白。

但事到临头，也颇让他犯难。

当冉求来见孔子时，孔子选择了不见，以此婉转了表达对加税的反对，也不想跟季氏的利益发生正面冲突。

季康子是现实的政治家，冉求也懂得"把黄油抹在面包的哪一面"。最终，冉求选择了季氏，将加税强制推行了。

孔子被激怒了。他公开说："（冉求）非吾徒也。小子鸣鼓而攻之，可也。"[①]我的弟子们，即使你们对冉求像两军交战一样鸣鼓而攻之，也是合情合理的啊！

"鸣鼓而攻"是那个时代正统的两军作战方式，既表示公开决战，也表示倾尽全力的最后一战。孔子以此来形容孔门与冉求的对立，应该是相当严重的了。

乍听之下，这就是与冉求断绝师徒关系的言辞。但其中的真实含义，却是一种假设，即：大家即使与冉求公开对立，也是必然的选择。

这个事件的是非曲直不是三言两语所能尽，孔子弟子是不是去鸣鼓而攻冉求，也不得而知。

从相关记载来看，冉求并没有因此而被逐出孔门，但孔子的狂怒，却是显而易见的。

孔子的怒气，有时也表现在原则性不是很强的生活琐事中。

孺悲欲见孔子，孔子辞以疾。将命者出户，取瑟而歌。

---

① 《论语·先进》。又见《孟子·离娄上》。孟子曰："求也为季氏宰，无能改于其德，而赋粟倍他日。孔子曰：'求非我徒也，小子鸣鼓而攻之可也。'"

使之闻之。[1]

孺悲是鲁国人,据说还曾向孔子学礼。可能因为某个事情上得罪了孔子,所以,当他想见孔子,并派人来与孔子联络时,孔子以生病为由拒绝了。

找个理由拒绝了也就算了,这还属于正常范围。但不正常的是,当联络人退出孔子之门,就要离开的时候,孔子弹奏起了瑟,还高声歌唱,故意让联络人听到。

这就是明明告诉人家,我身体很好,就是不想见他。

其中的怒意昭然可见。

原壤夷俟。子曰:"幼而不孙(逊)弟,长而无述焉,老而不死,是为贼!"以杖叩其胫。[2]

原壤是孔子的老熟人,曾经有母死而歌的狂放表现。这一次,眼见孔子走来,不仅不起身与老友言欢,反而采取蹲踞之姿以待孔子,这在当时是很不礼貌、很缺乏修养的表现。

孔子生气了。他先是历数原壤之过,所谓年少时不能善待兄弟,成人之后无所著述,还挺长寿,持续为害社会,散发其负能量。

说到这里,孔子举起手杖去击打原壤,以证明他的愤怒之情。

在孔子的一生中,此类令人恼怒之事应该不少。

---

① 《论语·阳货十七》。
② 《论语·宪问十四》。

孔子是凡人，怨愤生气不可避免，并且发怒之后的有些表现还显得未脱稚气，颇为小儿科。

但是，孔子的不凡之处，是对生气怨怒有着理性的认识，对表现怒气的行为也会有所约束，不能让怒气无限制地发泄，更不能让这种发泄影响到正常生活。

哀公问："弟子孰为好学？"孔子对曰："有颜回者好学，不迁怒，不贰过。不幸短命死矣！今也则亡，未闻好学者也。"①

鲁哀公是孔子晚年时在位的鲁国君主。此时的鲁哀公，在"三家"的压迫之下，基本上已经成了政治傀儡。在极度郁闷之余，鲁哀公经常与孔子见面聊天，借以遣怀。

想必是惊叹于孔子教育事业的巨大影响，鲁哀公很想知道孔子心目中的好弟子是谁。

这也证明，鲁哀公甚至很多鲁国的社会上层，是认识好多孔子弟子的。

孔子明确回答，好学弟子只有颜回一人。

为什么说颜回好学呢？是因为颜回能把所学到的东西很好地转化为实践的功夫。

这项功夫表现在两个方面，即不迁怒、不贰过。

迁是迁移之，贰是重复之也。

不迁怒是，怒于甲者，不移于乙。

不贰过是，怒于前者，不复于后。

---

① 《论语·雍也第六》。

由此可见，怒是可以理解的，有时甚至是正常的。但是，因此而怒彼，因此人此事而迁怒于他人他事，则是不能理解的，也不能算是正常的了。

不迁怒，看上去并不难做到呀，但事实上却是经常发生在每个人的身上。

对人的真正考验，正是那些经常发生的小事和琐事。

正因如此，孔子才把颜回“不迁怒”的优点看得那么重要。

更重要的是，既然“不迁怒”是一种难得的美德，我们也注意到，孔子并没有犯过此类错误。

孔子有怒，但更多的是有节制的怒。

三、孔子之哀

在《论语》及其他较为可信的记载中，我们也见到了哀戚的孔子。

孔子的哀戚，有人之常情的一面。

> 子食于有丧者之侧，未尝饱也。子于是日哭，则不歌。①
>
> 子见齐衰（zīcuī）者、冕衣裳者与瞽者，见之，虽少，必

① 《论语·述而第七》。

作；过之，必趋。[①]

孔子既祥，五日弹琴而不成声，十日而成笙歌。[②]

孔子的表现是，与有丧者同食，就不会表现出胃口特好的样子，以免让人家觉得你不悲且喜的情绪，这显然是有丧者难以接受的。

同样，如果在某一天参加过哭丧之事，孔子则会一整天不唱歌，而我们已经知道，孔子是唱歌爱好者。这样的情绪，显然是自然而发，而并不是要做给谁看，或者讨好谁，因为类似的表现，也只有孔子身边的人才能看到和注意到。

齐衰者，就是身着丧服者。这是指孔子根本不认识的人，在路途上遇到的陌生的守丧者。冕衣裳，是戴官帽、穿官服者，与本章主旨无关。瞽者，即盲人。

遇到上述三种人，特别是有丧者和瞽者，即使是比孔子年少之人，孔子也要站起来向人家致意，当然是哀戚和同情之意。而当孔子从他们面前走过时，还要快步而过。对有丧者和瞽者，则是表示无心关注他们身上的不同之处，以免让他们觉得从人家的痛苦中取乐。

孔子也是乐器爱好者，但在除丧之后好几天中，居然奏乐不成声，也就是找不着调儿，无法演奏。

孔子的如此哀戚和同情的表现，都是基于普通人的性情之正。

丧葬之事，自古以来家家不免，人人难免，对此表现出哀悼

---

① 《论语·子罕第九》。

② 《礼记·檀弓上》。

之情，既是人的生物性的表现，也是人的社会性的体现。

对于有丧在身之人和身体有残疾者表示同情，同样是基于人的本性。高等动物都有彻底表现，但人的表现更有一些具体的表征。

孔子在这些事情上表现出的彬彬有礼，就是对寻常人性的升华。

孔子弟子中多有先于孔子而亡故的，对于这些悲痛之事，孔子更是表现了普通人的哀戚情怀。

> 伯牛有疾，子问之，自牖执其手，曰："亡之，命矣夫！斯人也而有斯疾也！斯人也而有斯疾也！"
>
> 颜渊死。子曰："噫！天丧予！天丧予！"
>
> 颜渊死，子哭之恸。从者曰："子恸矣。"曰："有恸乎？非夫人之为恸而谁为！"①

弟子伯牛病重，孔子去看望，因为伯牛的病有可能传染，所以孔子只通过窗户拉起弟子的手，哀叹天命的无奈。所谓"斯人也而有斯疾也"的一再哀叹，是说为什么像伯牛这样德行修养高尚的人居然得了这样的病！显然是极度哀戚之辞了。

当然，孔子一生最大的哀痛之一是弟子颜回的夭亡。颜回不仅是孔子最心爱的弟子，而且去世在三十岁左右，可谓令人痛惜之至。为此，孔子"哭之恸"，即痛哭得都很过度了，口中还言"天丧予"，上天要灭亡我啊！

颜回和伯牛都是孔子的"德行"弟子，但却都是因病而夭

---

① 《论语·先进十一》。

亡。一般人想当然地认为，孔子是因为他们表现优秀才如此痛惜，似乎表现平平的弟子不足以打动孔子。其实这是一种偏颇之见。

绝大部分弟子都在孔子离世之后去世。这些朝夕相处的弟子，首先在情感上就已经跟孔子联成一体了，而越是表现优异的弟子，与孔子的感情越发笃厚。所以，如孔子所说的，正是因为视颜回如子，正是因为普通人的情感催发，才会让孔子痛不欲生。

当然，孔子同样把这种普通人的哀戚之情加以升华。

当颜回的父亲请求孔子卖掉车子为颜回准备棺椁时，孔子明确加以拒绝，因为对于每个人来说，还有比死亡之哀更为重要的事情要做。

据记载，“伯鱼之母死，期而犹哭。夫子闻之，曰：‘谁与哭者？’门人曰：‘鲤也。’夫子曰：‘嘻，其甚也！’伯鱼闻之，遂除之。”①

伯鱼的母亲去世一年之后，他还在不时地哭泣，孔子得知后，马上予以制止，因为这样做未免太过度，太缺乏节制了。

孔子说：“居上不宽，为礼不敬，临丧不哀，吾何以观之哉？”②

居上以宽为本，行礼以敬为本，处丧以哀为本。

如果失去了这样的根本，一国的政治、一个社会的治理就得不到合理的落实。

临丧而哀，有节制的哀痛，关乎社会风气和国家安定。

在关乎社会发展和人类命运方面，孔子的哀戚还有其他方

---

① 《礼记·檀弓上》。

② 《论语·八佾第三》。

面的表现。

这是孔子的深沉之哀戚,这样的哀戚,在《论语》的记载中表现为忧和患。

诸如此类的忧患,在孔子思想中有种种表述。

子曰:“不患人之不己知,患不知人也。”①

子曰:“不患无位,患所以立;不患莫己知,求为可知也。”②

孔子,以及孔门弟子和那些与孔子有着相同或相近政治追求的人们,当他们不被当政者所理解和任用的时候,他们的哀痛和忧患是什么呢?

他们首先是反求诸己,检讨是不是自己的真才实学还不足以改造天下,或者至少不足以引起当权者的重视。而不是去片面地抱怨世道的不公,更不会自暴自弃。

这正如孔子所说:

德之不修,学之不讲,闻义不能徙,不善不能改,是吾忧也。③

君子谋道不谋食。耕也,馁在其中矣;学也,禄在其中矣。君子忧道不忧贫。”④

① 《论语·学而第一》。
② 《论语·里仁第四》。
③ 《论语·述而第七》。
④ 《论语·卫灵公十五》。

德必修而后成，学必讲而后明，见善靠近而学，有过不吝而改。这四项，才是孔子那样的君子之人真正的忧虑。

同样，对于君子之人来说，去耕作未必能够得食，但是，学以谋道，禄在其中，才是自己真正的社会责任所在，也是社会的希望所在。

然而，现实却是异常残酷的，并不是准备好了的人就能得到机会。

在孔子的时代，君子之人处在普遍的不得志之中，孔子本人也未能幸免，以至于不时地哀叹。

> 甚矣，吾衰也！久矣，吾不复梦见周公！①
>
> 凤鸟不至，河不出图，吾已矣夫！②

孔子年轻气盛时，其志向是推行周公之道，所以，梦寐之间，会经常见到周公。到了身衰年老之时，眼看着其志向无望实现，孔子不免心灰意冷，居然再也梦不到周公了，所以才会发出那样的哀痛之声。

凤，传说中的灵鸟，据说在大舜的时代曾经来仪，周文王的时代也曾鸣叫于周人所居的岐山。

河图，黄河之中有龙马负图而出，据说在伏羲时代曾经出现过。

这些都是圣王在世的祥瑞之兆，寄托着大众的美好愿望。

孔子一直盼望出现这样的瑞兆，但直到晚年，也未曾见到。

“吾已矣夫！”我算完结了！道出了孔子心中最深沉的

① 《论语·述而第七》。

② 《论语·子罕第九》。

哀戚！

不过，孔子终究是孔子。

他有凡人的情愫，他有俗人的表现，更有超越忧患的胸襟。

还是孔子一行人周游列国途中与楚国叶公的交往。

叶公私下里向子路打听，你的老师究竟是个什么样的人？

子路回答不上来，因为他并不是像子贡一样的心思缜密之人，从未想到如何去概括孔子的为人和形象。

叶公当然也捉摸不透孔子。特别是看到眼前的孔子分外落魄，但身边的这些气宇不凡、才能卓著的弟子却还追随不已。这必然使得身居要职的叶公百思不得其解。他向子路打听孔子，说明他对孔子及其弟子都缺乏了解。

子路虽然没有能力回答叶公之问，但他也是极度诚实之人，马上就把这个问题反馈给了老师，请求老师的答案。

孔子并没有因此而责备子路，因为即使是他本人面对叶公这样的人物时，也不知道自己是个什么样的人。根本原因在于，双方并不是生存在同一个思想层次上。

尽管无法回答，但还是勾起了孔子哀伤的情绪。孔子自我解嘲似的告诉子路：“女（汝）奚不曰：其为人也，发愤忘食，乐以忘忧，不知老之将至云尔。”①

字面上看，孔子有责怪子路之意，你为什么不这样跟叶公描述我呢？但实际上却是孔子表达了强烈的愤懑，对不合理的现实的愤懑；更流露出极度的悲哀，对自己无力救世的悲哀。

所谓发愤而忘食，是指他的奋斗精神；所谓乐而忘忧，是指他偶尔表现的惆怅。

---

① 《论语·述而第七》。

孔子为什么惆怅？就是因为他心中有忧。

忧的是什么呢？自然是他的政治主张屡遭冷遇，不能实现自己的远大志向。

在会见叶公之时，孔子周游列国的政治追求已经到达了边缘。事实上，就在此次会面后不久，孔子就返回了鲁国，结束了他的周游求仕。

意味深长的一句“不知老之将至”，其实是正面肯定了“老已至之”，在现实政治方面的无所成就已经成为定局。

这其中的悲哀，是任何人都无法替代，甚至无法体会的。

尽管悲哀之深、忧患之长，孔子却并没有忘掉“乐”。

在下文，我们会看到一个快乐的孔子。

由内心的乐观和达观，上升到“不忧不惧”。

孔子弟子司马牛是宋国贵族出身，因为他的兄长在政坛上很不安分，经常制造各种政治动乱，使得他这个做弟弟的时常陷入忧虑之中。所以，当司马牛向孔子请教什么是君子时，孔子针对性地回答说：“君子不忧不惧。”

君子为什么不忧虑、不惧怕呢？孔子的答案是：“内省不疚，夫何忧何惧？”①

所谓“不疚”，是说因为自己没有做什么不当之事，所以问心无愧，自然不用担忧什么，也不用惧怕什么。

这真如后来孟子所说，“仰不愧于天，俯不怍(zuò)于人”②。

既不愧对上天、不愧对大道，也不愧对任何人。

在于司马牛，孔子劝慰他，只要你本人不参与你兄长的政治

① 《论语·颜渊十二》。

② 《孟子·尽心上》。

阴谋,就没有必要忧惧什么。

在于孔子,则是告示天下之人,对于自己的政治前途,也没有什么忧惧可言,因为自己一直行走在正道之上。

正是在此前提下,孔子宣称:“君子道者三,我无能焉:仁者不忧,知者不惑,勇者不惧。”

所谓“仁者不忧”等三项,看上去是孔子自责,其实也有勉励他人的意味。而在弟子子贡看来,更多的是“夫子自道也”[①]。

意思是说,孔子的不忧、不惑和不惧,正是他自己已经达到的境界。

周游列国末期,异常失意的孔子忽然长叹一声:“莫我知也夫!”

没有人能够理解我了,没有人能够任用我了。

身边的子贡最能够应和孔子,也最善于应和孔子。

子贡问:“何为?其莫知子也。”

既然知道再没有人能够知用您了,你打算怎么办呢?

孔子的回答出人意料。

他说:“不怨天,不尤人。下学而上达。知我者其天乎!”[②]

朱子深得孔子此语之意,解释道:“不得于天而不怨天,不合于人而不尤人,但知下学而自然上达。”意思是说,在此艰难处境下,孔子既不抱怨大的形势,也不责怪哪个具体的人,而是照样坚持返己自修,以求不断精进,无愧于上天。

在孔门之中,大概只有子贡的才智足以理解孔子的心胸,所以,孔子在此痛快淋漓地表达了自己失意至极之时的心绪。

“知我者,其天乎!”

---

①② 《论语·宪问十四》。

既是凡人的哀愁，也是圣者的达观。

这是孔子之忧，也是孔子之乐。

四、孔子之乐

孔子是个快乐的人。

孔子最著名的快乐原则是："知之者不如好之者，好之者不如乐之者。"①

这是一种人生态度，是一种人生观。

知、好、乐的三种境界，可以用人们的日常饮食作个形象比喻。

比如面对某种食物。

知之者，相当于知道这是可食之物，可以充饥解饿。

好之者，相当于以此种食物为嗜好，俗话说的"好这口儿"。

乐之者，相当于以品尝的态度对待，知道它的来龙去脉，能说出它的相关道理，并在这个过程中得到快乐，把食用和琢磨这种食物当成一种人生的乐趣。

那么，真正的快乐是什么？

在孔子那里并不是简单的或单纯的享受，而是还需要探究和弄明白其中的为什么。

更重要的是，这种快乐并不局限于身体的自然感觉，而是要

---

① 《论语·雍也第六》。

与道德修养和人生追求相关联。

且看孔子所强调的，“知(智)者乐水，仁者乐山；知(智)者动，仁者静；知(智)者乐，仁者寿”①。

乐，就是喜好的意思，即以某事为乐趣，从中得到快乐。

对于孔子“智者乐水，仁者乐山”，古来一直有种种理解。相对来说，朱熹的解释近乎其正。

朱子说：“知(智)者达于事理而周流无滞，有似于水，故乐水；仁者安于义理而厚重不迁，有似于山，故乐山。”

根据朱子的理解，智者的灵活性有似于水，而仁者的原则性则有似于山。如果说二者一定要有所区别，那么，智者更擅长过程，仁者则更看重原则。

所以，孔子才说：“智者乐，仁者寿。”

智者之乐，重在享受过程，也指实际所得。

仁者之寿，既指生命的长久，也指身后的名声。

孔子既是仁者，也是智者。

智者的快乐既是生活伴侣，也是生命依托。

仁者也有其快乐，那就是大道的长寿、永恒。

当孔子被他的时代严重漠视的时候，他给自己的安慰是：“饭疏食、饮水，曲肱而枕之，乐亦在其中矣。不义而富且贵，于我如浮云。”②

这里的饭是指粗饭，水是指生水。

“曲肱而枕”是说弯着胳膊睡觉。

这显然是一种极度困顿的生活处境。

孔子虽处困极，但自我感觉心地坦荡，快乐自然从中生发。

① 《论语·雍也第六》。

② 《论语·述而第七》。

之所以其视不义之富贵如浮云，就是因为不义之事不能带来快乐。

只有面对不义之富贵时，处贫的快乐才是一种表征，一种正义生活的表征。

并不是说富贵就不能带来快乐，而是不义之富贵不能带来快乐。

再说颜回，与孔子有着一样的信念和表现。

孔子说："贤哉，回也！一箪食，一瓢饮，在陋巷。人不堪其忧，回也不改其乐。贤哉，回也！"①

颜回对黑暗的现实政治采取不合作的态度，致使生活窘迫，只能生活在贫民区，即所谓"陋巷"，所以也是只能吃粗饭、喝生水。

通常情况下，一般人受不了这种煎熬，但颜回却照旧快乐。

为什么呢？孔子的答案是一个字，"贤"！

贤，也同样是仁与智的有机结合，是一种思想境界。

高超的思想认识的境界，就是快乐的境界。

在上文，我们讨论过楚国叶公向子路打听孔子是个什么样的人，子路无法作答，转而向孔子本人求取答案。孔子对以"发愤忘食，乐以忘忧，不知老之将至云尔"。

因为快乐而忘掉忧愁，以至于老之将至也没有感觉到，这是一种何等高尚的快乐啊！

快乐是人生的必需，每个人都有快乐的必要，都有快乐的权利。

---

① 《论语·雍也第六》。

子贡观于蜡。孔子曰:"赐也乐乎?"对曰:"一国之人皆若狂,赐未知其乐也。"

子曰:"百日之蜡,一日之泽,非尔所知也。张而不弛,文、武弗能也。弛而不张,文、武弗为也。一张一弛,文、武之道也。"①

弟子子贡(字赐)观看了"蜡",就是带有狂欢性质的民间祭祀活动,不太赞成这种活动所表现出的过度宣泄式的快乐。而孔子则明确主张,人生必须如弓弦一样有张有弛,生活必须有文有武,这才是正常的快乐人生。

快乐是如此重要,使得孔子必须对快乐本身加以学理上的梳理和提高。

孔子曰:"益者三乐,损者三乐。乐节礼乐,乐道人之善,乐多贤友,益矣。乐骄乐,乐佚游,乐宴乐,损矣。"②

所谓乐某某者,就是以某事某物为快乐。

在孔子看来,并不存在抽象的快乐,所有的快乐都是有具体内容的,这样才能区分有益的快乐和无益的甚至是有害的快乐。

有益的快乐有三项:以礼乐为节制,多看别人的优长之处,多交有贤德的朋友。

有害的快乐有三项:无节制的骄肆,散漫的东游西逛,过度的吃喝享乐。

这样的概括虽然并不全面,但也足以提升人生的境界,也并

---

① 《礼记·杂记下》。

② 《论语·季氏十六》。

不是寻常人等能够达到的高度。

事实上，所谓“乐”，更多的是一种被动地受影响的状况，所以，在多半情况下，孔子更多的是谈论“好”，即喜好，因为这是一种主动的选择。

> 子曰：“述而不作，信而好古，窃比于我老彭。”①
>
> 子曰：“我非生而知之者，好古，敏以求之者也。”②
>
> 子曰：“富而可求也，虽执鞭之士，吾亦为之。如不可求，从吾所好。”③

孔子的“好古”，就是喜好传统文化。

传统文化是我们的血脉，是我们的传承，决定着我们的现在和未来。

孔子从传统文化中充分地吸取营养，并结合时代的要求，形成自己的思想和主张，也就是“从吾所好”的内容。

孔子并不低估和否定寻常人的日常快乐，但也要求自己和他的追随者不能沉溺于这样的快乐之中，而是要从寻常快乐上升到积极的喜好，追求那种对人生有益、对社会有益的快乐和喜悦。

孔子的“吾所好”，即我的喜好，到底是什么？

在孔子看来，喜好是有层次之分和高低之别的。

不同的人，身处不同社会地位，肩负不同社会责任，面临不同事物，其喜好是不尽相同的。

孔子并不否认和排斥普通人的喜好，而是希望把日常生活

---

①②③ 《论语·述而第七》。

中的喜好与人的社会责任有机统一起来,在获得寻常喜好的同时,也去追求高尚的喜好。

这就是孔子自我定义的人生准则和社会责任。

为了达到这样的准则,为了担负起这样的责任,孔子从博学入手,以好学为途径,以达观为调节,最终以凡人的姿态,实现了圣人的目标。

第七章　好学博识，幽默人生

战国时代的大儒之一荀子说过一段非常精彩的话，主旨是讲述人与动物的区分，以及人如何胜过动物。他说：

> 水火有气而无生，草木有生而无知，禽兽有知而无义。人有气、有生、有知，亦且有义，故最为天下贵也。
>
> 力不若牛，走不若马，而牛马为用，何也？曰：人能群，彼不能群也。
>
> 人何以能群？曰：分。分何以能行？曰：义。
>
> 故义以分则和，和则一，一则多力，多力则强，强则胜物。[①]

荀子是理性大师。

为了证明人“最为天下贵”，荀子首先作了必要的推导。

从有气质而没有生命的水火，到有生命而没有感知的草木，再到有感知而没有道义的禽兽，最后上升到有气质、生命、感知

① 《荀子·王制》。

和道义的人类。

荀子也非常看重常识。

从普通人的视角来看，论力气，人不如牛；论奔跑，人不如马。

那么，牛和马为什么受制于人，为什么会为人所用呢？

这是因为，人能够组成群，组成社会，能够运用群体或社会的力量实现自己的生存和发展。

荀子如此观点的落脚点，当然还是现实政治。

人类社会之所以能够生存和发展，是有分、有义，即组成社会的人们能够根据道义或正义的原则，确定自己的社会地位。这样一来，社会才能和谐，才能团结，进而多力、强大、胜物。

可是，人类的这种组成社会的能力是怎么来的呢？

荀子的答案是："君子生非异也，善假于物也。"①

君子在其他方面跟其他人并没有不同，除了"善假于物"。

假于物，就是借于物，借鉴于外物，向外物学习。

荀子所说的君子，就是能够带领人们组成社会的人，是社会的组织者和管理者。

这样的君子并不是与众不同的另类，并不是生来就知道一切的人，而是善于学习的人。

这就是说，人类因为有学习的能力，才与动物相区分，并将动物制而用之。

显然，对于某个人类个体而言，学习是外加的，并不是生来就有的。

既然如此，就有某些人更喜欢学习，而某些人不喜欢学习。

---

① 《荀子·劝学》。

一个喜欢学习的人，才会成为一个知识广博的人。

知识广博之人，更易于成为心地开阔的人；心地开阔的人，更易于以幽默的态度对待人生，更能够以超然的态度对待幸与不幸。

孔子是博学之人，是以幽默的态度对待人生之人。

一、博学的孔子

在鲁国的都城曲阜，有条街道名叫达巷。

这个街道名，不知是实名，还是诨名。

既然以“达”称之，想必在外人看来，住在这里的人是以通达于理而著称的。

果然，在评价孔子的问题上，这里的人显然不同凡响。

他们对孔子的评价是：“大哉孔子！博学而无所成名。”[①]

本书已经两度引用此语，并认为此语之义有赞美或讥讽孔子的两种可能。不过，无论是赞美，抑或讥讽，前提都是认为孔子是博学之人。

孔子的博学，来自他的喜欢学习。

孔子是喜欢学习的人，他把喜欢学习称为“好学”，喜好学习。

在各种记载中，孔子几乎从不自夸，除了肯定自己的“好

---

① 《论语·子罕第九》。

学”。

子曰:“十室之邑,必有忠信如丘者焉,不如丘之好学也。”①

子曰:“君子食无求饱,居无求安,敏于事而慎于言,就有道而正焉,可谓好学也已。”②

当孔子肯定自己好学的时候,使用了一个条件句。

他说,即使是在一个只有十户人家的小地方,也会有像我孔丘一样的讲求忠信之人;但是,要想找到一个像我一样的好学之人,可就不是件容易的事情了。

孔子如此委婉地肯定自己的好学,事实上是有一种批判精神在其中的。

也就是说,在孔子时代,好学的精神已经成为一种奢侈品,并为这个时代所缺乏。换个角度来看,时代的堕落或退步,与人们不求学、不好学是息息相关的。

另一方面,就好学本身而言,是对平凡事物的升华。

比如,忠信之类的美德,事实上并不需要刻意追求,甚至在寻常环境中就能产生。

但是,好学的精神,则需要超越平凡。

那么,孔子所定义的好学又是什么呢?

第一,在物质生活层面,所谓食无求饱、居无求安,针对的是过度的餍饱和过分的安逸,并不是反对适度的正常饮食和居住。

第二,在精神生活层面,“敏于事、慎于言”,谨慎做事和说

---

① 《论语·公冶长第五》。

② 《论语·学而第一》。

话，更深一层的含义，恐怕是说多行少言；“就有道而正”，接近有道之人，从而端正自己，这是看重榜样的作用和力量。

“有道”之“道”，说的是万事万物的当然之理，是人们应该共同遵守的原则。这样的原则是平凡的，可是，能够始终循此而行就是不平凡的了。

这样看来，“好学”二字看上去平淡无奇，但真正实践起来却并不容易。

在人们的日常生活中，即使是食无求饱、居无有安，一般人都难以达到，更不用说谨慎言语和向有道之人靠拢了。

正因为如此，当鲁哀公向孔子打听弟子中谁是好学之人时，孔子的答案是，只有弟子颜回一人堪称好学之人，而颜回的好学表现也很简单，就是孔子所说的著名的“不迁怒，不贰过”[①]六个字。

在自己的好学精神之下，孔子对学的论述是非常全面和深刻的。

特别是在结合自我体会的论述方面，孔子的观点更有说服力。

他说，我曾经整日不吃不睡地思考某些问题，结果收效甚微，远不如进行一些实际的学习活动。[②]

也有人认为，孔子并非真的思而不学，不过是为教训世人才如此假设的。

不过，如果说孔子也曾因为思而不学才有此心得，恐怕更为接近实情，并且只有这样，才让我们看到了真实的凡人孔子。

---

① 《论语·雍也第六》。

② 《论语·卫灵公十五》：“吾尝终日不食，终夜不寝，以思，无益，不如学也。”

我们说过,除了探讨学习,孔子在其他方面是很少谈到自己的。

在自我约束方面,孔子很自信地表白,别人很难挑剔他什么,原因很简单,就是因为他做到了"默而识之,学而不厌,诲人不倦"①。

识,是牢记的意思。

默而识,是描述一种聚精会神的学习状态。

"学而不厌"之"厌",是满足的意思,是孔子的自学要求。

"诲人不倦",是孔子面对求学者的态度。

所有这一切,核心内容还是孔子的好学精神。

面对纷繁复杂的现实,孔子内心深处的忧患,也与"学"有关。

孔子申明:"德之不修,学之不讲,闻义不能徙,不善不能改,是吾忧也。"②

对这段话的含义,我们在本书上一章已经有所阐发。此处的重点,当然是强调"学"在孔子生命中的重大意义。

事实上,孔子对"学"的重视,并不只是局限于一般性的论述,而是有着实践的支撑。

孔子最著名的具体的"学",是《论语》记载的孔子学《易》。

《论语》所称《易》,后世称作《易经》,以与《易传》相区别。

《易传》是从特定角度出发对《易经》所做的理解和解释,这两本书全称《周易》。

《易传》与孔子本人无关,因为此书产生在孔子去世之后。

---

①② 《论语·述而第七》。

《易经》与孔子的关系，也仅限于孔子是《易经》的学习者，而不是有些人认为的著作者或修改者。

孔子说："加我数年，五十以学《易》，可以无大过矣。"①

孔子说这话的时候，显然是在五十岁以后了。

所谓"加我数年"，是说让我再倒退几年，倒退到五十岁，这是一种假设。

"五十以学《易》"，就是"五十而学《易》"。

这是说，孔子认真学习《易经》，显然是在五十岁之后。

孔子认真学《易》之后，叹惜学习《易》的时间点太晚了，因为他说，如果能在五十岁的时候就认真学《易》，就不会在五十岁之后犯下大错了。

那么，孔子所说的五十岁之后的"大过"是什么呢？这就得看孔子五十岁之后在做什么。

据记载，孔子五十岁之后在鲁国正式从政，并且一度掌握着鲁国的政治命运。

但是，在此次执政期间，孔子最终没有处理好与鲁国权臣"三大家族"的关系，导致在鲁国的政治改革无果而终，还被迫流亡国外十几年，也就是著名的周游列国。

在周游列国的十几年中，孔子在现实政治层面同样是一无所获。

回想五十岁以后的这些遭遇和挫折，再结合对《易经》的学习，孔子发出了上述感慨。

孔子的意思是说，如果能让我在从政之前就学习《易》，学懂《易》，我就不会犯那么多政治上的错误了。

---

① 《论语·述而第七》。

由此看来,学习是可以决定一个人的前途和命运的。

朱熹总结说:“学《易》,则明乎吉凶消长之理,进退存亡之道,故可以无大过。”

在朱子看来,学习《易经》,能够让人明白事物的吉凶长短,明白做事的进退存亡之理。这样一来,就不会犯太大的、太严重的错误了。

这可以说是充分理解了孔子的意思。

学习的目的在于实践。

孔子反对为了学习而学习,或者为了炫耀学问而学习。这是普通人的追求,凡俗的愿望。

孔子反对这种学风,强调学习的目的在于实用。

其实,即使是后世所谓纯学问,也是一种实用。

孔子说:“诵诗三百,授之以政,不达;使于四方,不能专对。虽多,亦奚以为?”①

这是在说,即使你能把《诗经》中的所有诗篇都背诵得滚瓜烂熟,但如果不能在日常政事中很练达地使用,也不能在外交场合中恰当地运用,那么,这样的学习结果就不会有太多的价值。

在孔子时代,《诗经》中的诗篇在这两个场合还在广泛使用。

我们且不论孔子的观点如何,就他强调学习的实用性来说,孔子并没有把学习视为神秘的事情。

学习就是人们日常生活中的一个必要部分。

学习是人生所必需,实践又是学习所必需。

---

① 《论语·子路十三》。

二、幽默的孔子

在普通人的观念中，特别是中国传统社会开始与近现代西方社会接触以后，一般认为中国社会是一个缺乏幽默感的社会，而多半中国人也是不喜欢幽默的人。

至于哲学家、思想家、学者，更是板着面孔生活的人。

然而，事实上并不是这样。

中国人是懂幽默的，并且中国人的幽默有其独特的方式。

在孔子这里，幽默的言语常伴其左右，甚至完全可以说他是个幽默的人。

幽默其实应该成为普通人生活的常态，而孔子正是以普通人的姿态去表现其幽默的。

与普通人不同的是，孔子的幽默在有意无意中加入了许多普通人所不能具备的元素。

孔子的幽默可以粗分为几类。

第一类，明知故说。

孔子是怀有高度社会责任感的人，而在他那个混乱的时代，这种责任落实起来的难度是非常之大的，这样一来，他时常会承受着普通人不曾承受的压力。

在前文，我们多次从不同的角度解读过“大哉孔子”这句话。

这句话出自鲁国曲阜城达巷街道的某人之口，完整的表达是:“大哉孔子!博学而无所成名。”既认为孔子博学,又认为他缺乏一技之长。

这句话究竟是褒是贬,后世说法不一,很可能褒贬俱有,而偏向于贬的可能性更大一些。所以,当孔子听到之后,就对弟子们说:“吾何执?执御乎?执射乎?吾执御矣。”①

所谓执,就是专执、专门从事的意思。

孔子没有直接应对这句话,而是采取了迂回幽默的表达方式。

孔子豁达地回答说,既然人家都这么认为了,我看也对。那么,就让我选择一项具体的工作吧。看看我会做的射箭和驾车这两项事情,该选择哪一项呢?可能驾车更好一些!

孔子应该知道说话者的话外之音。

孔子的学问之博在那个时代是公认的。不过,博学的孔子所怀有的崇高政治理想,却是那个时代的当权者们所不能接受的,所以,他们会利用一切机会贬损孔子。

孔子以宏大而崇高的政治理想指导世人,他以社会发展方向的指导者和社会进程的管理者自居,不认为自己应该是某项具体工作的完成者,这在当时是一种超前的社会分工思想。

但是,社会上的好多人,甚至是多数人并不能理解这一点,就连弟子樊迟都要向孔子抗议,要求学习种菜种庄稼的手艺。②

对于人们的这类反对或疑惑,孔子是明白的。

---

① 《论语·子罕第九》。

② 《论语·子路十三》:“樊迟请学稼,子曰:‘吾不如老农。’请学为圃。曰:‘吾不如老圃。’樊迟出,子曰:‘小人哉,樊须也!上好礼,则民莫敢不敬;上好义,则民莫敢不服;上好信,则民莫敢不用情。夫如是,则四方之民襁负其子而至矣,焉用稼?’”

不过,在某种场合下,孔子实在无法向那些人一一做出解释,只能以幽默的方式自我解嘲。

这样一来,那些反对者就能得到暂时的满足,而孔子也能缓解一下心中的压抑。

樊迟要向孔子学习种菜种地,其实也是明知故问。他并不是不知道孔子并不掌握这样的技艺,而是对于孔子没有任何具体的现实成就深感迷惑。

樊迟与子路一样,都是军人出身,学问没有根底,所以孔子不想当面对他们作过度的批评。

对于樊迟的近乎无理的要求,孔子只是委婉回答。

孔子说,在这些方面,我不如专门种地种菜的农夫。言外之意是,如果一定要学,你可以向他们去学。

这其中的幽默诙谐,也是让人忍俊不禁的。

但是,幽默归幽默,道理归道理。在樊迟离开之后,孔子对其他弟子讲述了他的关于社会分工的正面思想。由此可见,孔子对樊迟的回答,也是一种明知而故说。

周游列国期间的孔子,由于找不到合适的从政机会,心情有时比较烦闷,以至于有一次公开说:“道不行,乘桴浮于海。从我者,其由与(欤)?”

意思是说,如果大道真的无法推行,我就打算登上一艘小船,到大海上去漂游了。而在漂游的时候,大概只有子路才能有资格与我同行。

孔子的这种说法,显然只是一种假设,表达的是对世人不理解他、当政者不任用他的一种抗议。

子路是军人出身,勇猛异常,考虑到路上的安全,孔子才说子路最合适同行。当然也暗含着一种意思,即子路从来不怀疑孔子思想的正确性。

这显然只是开个玩笑而已，但子路却从来认真对待老师的每一句话。所以，听到孔子的如此安排，子路大喜过望，马上开始着手准备。

这当真让孔子哭笑不得，只好继续以玩笑的口吻说："由也好勇过我，无所取材。"[1]意思是说，在对待世间不公方面，我就够勇猛的了，没想到子路比我还勇猛。

此所谓勇猛，重点在于不计后果。

孔子为世人呐喊，从来没有想到个人的后果，所以落了个周游列国、到处碰壁；子路听从孔子的言语，也不去想一想漂游大海现实不现实，就开始欢欢喜喜地收拾行囊。

但是，这么复杂的道理，给子路是讲不太明白的，孔子只能继续以玩笑的方式结束他的假设。

孔子说"无所取材"，就是说海上风浪大，太险恶，一般的船只怎么能够应付？但是，要想制造安全可靠的大船，这时候的孔子和他的弟子们又该上哪里去寻找造船的材料呢？

就这样，孔子以玩笑开始，以玩笑结束，在凄凉的气氛中结束了他的这一次政治抗议。

孔子明知这样的抗议并没有实际效果，但对于周游列国途中的他们这一行人来说，却能够起到舒缓压力的效果，特别是以玩笑的口吻道出的时候。

同样的明知不行而假设，同样的政治怨望的抒发，也记载于另一场景中。

---

① 《论语·公冶长第五》。

子欲居九夷。

或曰："陋，如之何！"

子曰："君子居之，何陋之有？"①

在孔子时代，中原周边地区居住着大量的少数民族，中原人笼统地把他们称之为"东夷西戎，北狄南蛮"。

"欲居九夷"，就是想到东部边陲的少数民族地区去生活，这与"乘桴浮于海"的假设如出一辙。

九夷，大抵是说那边有九个部落的人群。

同样，有个人并没有听出孔子的玩笑之语，赶快劝告孔子，不要去那些地方，那些地方物质条件太差了，民风也不太正，太不方便生活了。

孔子的回答出人意料，近乎黑色幽默。

他说，既然有君子居住在那里了，条件还会差吗？民风还会不正吗？

这种强词夺理式的回答，证明孔子只是开个玩笑，只是表达对现实的不满，并不是讨论九夷之地如何如何，更不是说他真的要到那里去生活。

孔子倒是不惧怕艰苦，而是他一旦离开中原之地，这里的文明进程会变得更不堪设想！

孔子明知故说式的幽默，是通过假设某种状况来表达的。

这类假设，从孔子最后的回答来看，往往是在人们的意料之外，大有"抖包袱"的效果；从整个过程来看，让我们感触最深的，就是其中的深沉意味了。

---

① 《论语·子罕第九》。

孔子的玩笑并不轻松,孔子的幽默并不简单。

第二类,委婉反对。

孔子在世七十三载,立志高远,但其以从政为表征的主要志向却屡遭阻挠,未能如愿。在此过程中,可以想见让他所遭遇到的不如意的人和事肯定有许许多多。

对于这些他打心眼儿里坚决反对的人和事,孔子如何表态,不仅关乎他自己的遭遇,也关乎孔门群体的命运。

以孔子的智慧和阅历,能够为弟子记载下来的种种场景中,他表达反对意见的做法有多种多样,其中的委婉反对一项,生动体现了孔子的幽默感。

在卫国,卫灵公与孔子有过当面的交流。但是,卫灵公在其位而不当其政,权力基本上在他夫人南子的手中。而在与孔子的对话中,更是经常问出一些怪异的问题。

周游列国的孔子从鲁国出发,第一站就到了卫国。在与孔子的交谈中,卫灵公居然问到孔子如何指挥军队作战的事情,这让人听上去觉得非常不得体,更不符合常识。

首先,孔子并不是武将出身,既没有接受过军事训练,也未曾指挥过正式的两军对垒。此前不久,孔子在鲁国担任司寇期间,确实平息过武装叛乱,但当时指挥的是司法人员,与叛乱者展开的至多是街巷之战,与两军对垒是完全不同的事情。

其次,孔子一生追求以道德约束政治,以仁义治理天下,虽然并不完全反对武力,但从他的思想出发,并不认为武力能够从根本上解决社会问题,更不会给普通人带来长期的福祉。

在此背景下,作为一国之主的卫灵公,居然要跟孔子讨论打仗的问题,确实让孔子既为难又恼火。

这既是对孔子的不了解和轻视,更有挑衅的味道。暗含的意思跟达巷党之问有些相似——也是想知道，孔子究竟有没有什么具体的技能或本事。

可是，卫灵公毕竟是君主，而且孔子还身在他的国度里。对于这种令人很反感的问题，孔子该如何回答，才能既不让对方发怒，又能清楚明白而适度地表达自己的态度，确实既需要勇气，又需要智慧。

没想到，孔子的回答非常轻松。

他说："礼仪制度方面的事情，我还曾听说过一些；至于带兵打仗之事，还真的从来没有学过呢！"

孔子这样的回答，既没有完全拒绝回答问题的意思，又清楚表明了对于此类问题的根本态度，可谓有理有节。

孔子的回答让卫灵公如何反应，并无明确记载。有记载的是，第二天，孔子就离开了卫国。①

看起来，卫灵公对孔子的回答并不满意，但又奈何不了孔子。

孔子因为不满意卫灵公而离开卫国，卫灵公也没有理由加以阻挠。

同样是在卫国：

> 王孙贾问曰："与其媚于奥，宁媚于灶，何谓也？"
>
> 子曰："不然。获罪于天，无所祷也。"②

王孙贾是卫国的一位大臣。

---

① 《论语·卫灵公十五》："卫灵公问陈（阵）于孔子。孔子对曰：'俎（zǔ）豆之事，则尝闻之矣；军旅之事，未之学也。'明日遂行。"

② 《论语·八佾第三》。

奥、灶，是当时人们在家中常供的两位神灵。奥在内室，灶在外屋。

有一种解释是，就当时卫国的朝政而言，卫灵公夫人南子在卫灵公身边，相当于内室的奥神；卫灵公宠臣弥子瑕是外臣，相当是外室的灶神。

王孙贾请教孔子的是，我应该向以上两位“神灵”中的哪一位行祷献媚，才能在卫国政坛平步青云？

孔子对卫国政局了如指掌，当然明白王孙贾的意思。

孔子当时在卫国也是想从政的，既惹不起卫国政局中的奥、灶二神，也不想树王孙贾们为敌。

另一方面，孔子既不赞成“二神”把持朝政，也不赞成王孙贾的求官之道。

为了坚持原则，又为了避免惹火烧身，孔子极其委婉而又不失幽默地表达了自己的意见。

孔子说，我认为你说的不对。

为什么不对呢？

“二神”尽管是神，但在他们上面还有“天”，天神管理着诸神。

你王孙贾可以去讨二神之一的欢心，但这样一来就会惹怒天神。惹怒了天神，二神是救不了你的！

实际上，对于卫国的二神，孔子都能拉上关系。

《论语》记载，孔子曾经会见过南子。[①] 一般认为是南子主动约请孔子。如果孔子能够放低身段，甚至放弃原则，应该是能够得到南子的照应的。

---

① 《论语·雍也第六》：“子见南子，子路不说(悦)。”

至于弥子瑕，与子路有姻亲关系，俗称连襟。

孔子到卫国后，弥子瑕找到子路，说是如果孔子能住在他家，他就能够让孔子在卫国得到官位。①

孔子婉拒了上述二神的拉拢，原因是，他们走的都不是正道，其行为不符合"天"的要求。

从言辞上看，孔子与王孙贾只是在讨论如何敬神的问题，与人间事务无涉。但明眼人能够看出，孔子的反对意见是明明白白的。

在后人看来，分歧之处是，孔子所说天神到底是指什么？是指人间的卫灵公呢，还是指人间正道呢？

考虑到卫灵公当时的昏聩程度，后者的可能性应该大一些。

也就是说，在孔子看来，直道而行才是人生的根本，是一个人最大的政治资本。舍此而求人，终究是靠不住的。

从谈话过程和效果上来看，孔子的回答可谓既幽默生动，又入情入理；既立场坚定，又无可挑剔。

这种水平的委婉反对，真可以称得上是经典案例了。

显然，上述两件事情的平顺结局，很大程度上源之于孔子式的幽默。

既能有效化解难题，又让出难题者无话可说。

第三类，玩笑夸张。

在传统印象中，一般认为孔子肯定是不苟言笑的刻板之人，即使在日常生活中也是如此。但从可靠的记载来看，孔子不仅相当随和，而且时常会用玩笑夸张之语与人交流，以达到轻松愉悦的谈话效果。

---

① 详见《史记·孔子世家》。

这方面的例证,出自《论语》的记载最为可靠,也最为生动。

孔子晚年从政无望,但却并不想远离政治,于是就选择到弟子们在任的鲁国各地去考察,当然也有游览风光、深入民间接地气的目的。

这一天,孔子带着一些弟子来到了子游担任邑宰的武城。

子游是孔子的后期弟子,比孔子小四十多岁。

这个年轻人,对从政有热情,并且怀有政治理想主义的情怀。

成书西汉早期的《礼记》一书是儒家的重要经典,其中有一篇是《礼运》,讲述了孔子关于大同社会的政治理想。在这篇文献中,与孔子对话的就是子游。

这样的记载并不见得就是史实,但也反映出后世学者的观点,即认为子游在政治上确实有理想化的倾向。

老师的到来,肯定让子游很高兴,他在城外就迎接上了老师一行人。

师生边聊边走,进入了武城。

据说,武城是鲁国的下邑,即规模偏小的城邑。

可是,孔子一行刚一进城,就听到了所谓"弦歌之声"。

这里所说的弦歌之声,并不是普通的音乐,而是周礼所规定的用来教化天下的音乐,在技术层面则类似于现在所说的交响乐,即压根只有大型乐队才能演奏而成的宏大乐章。

这种音乐通常是在国家教育的层面才使用,或者是在一些宏大的场合或高层次的正规活动中才使用。

"弦歌之声"的听众,既要求层次高,也要求数量多。

可以想见,要进行这样的演奏,所需费用也不在小数目。

此刻子游担任邑宰的武城,无论是从人口数量和质量上讲,还是从城邑所在地位和位置来讲,以及财政收入来看,都不应该承担演奏“弦歌”的支出。

所以，乍听之下，这么个小地方演奏“弦歌之声”，总觉得有些不伦不类。

孔子精通礼乐，懂得礼乐在教育人民、影响民风方面的潜移默化的作用，当然非常重视礼乐之教的重要性。

但是，真正要贯彻礼乐之教，特别是音乐的教化作用，既要有称职的音乐人才，还需要相当的财政投入，这对于像武城这样一个小地方来说，可能都会有些力不从心，从一般情理上看也难以长期维系，从而容易使音乐的教化作用大打折扣。

正是在上述背景下，听着不断传来的“弦歌之声”，孔子不禁“莞尔而笑”，还随口道出：“割鸡焉用牛刀？”

莞尔之笑，是形容不经意之下的失声小笑。

“割鸡焉用牛刀”，就是后来人们常说的“杀鸡焉用牛刀”的出处。

字面意思是说，杀鸡不必使用宰牛用的大刀。

这不是说使用牛刀不对，也不是说牛刀杀不了鸡，是说有些大材小用，甚至浪费资源。

潜在的意思就是说，治理武城这样的一个小地方，即使是重视礼乐之教，也不必使用国家级的大型音乐。

换句话说，普通的乐队和中小型的乐章更为适度和适用。

孔子说这话的时候，并没有多想，而只是一种个人的直觉表达。但是，在这一刻，孔子未免想得有些欠周详，更没有过多考虑面对的是子游，而不是其他弟子。

子游是后面弟子中的佼佼者之一，孔子许之以“文学”①，即在典章制度方面有研究，有成就。

① 《论语·先进十一》：“文学：子游、子夏。”

与同样是“文学”弟子的子夏相对，子游更偏重实践的功夫。当他主管一个地方时，就把平日所学不折不扣地落实在了实际行动中。

当老师以牛刀杀鸡的比喻评论他的政治举措时，虽然未必是实在的批评之语，但至少是含有少许的不赞成在其中。这对于一定要在政治实践中建功立业，并满心希望能得到老师表扬的子游来说，无疑是一个比较沉重的打击。

子游的反应也很快，他马上反驳老师说：“昔者偃也闻诸夫子曰：‘君子学道则爱人，小人学道则易使也。’”

子游姓言名偃。

他说，我曾经听您讲过，一个人，无论君子，还是小人，不管他的社会地位是高是低，都不可以不学道。社会管理者学道之后能够做到爱人，普通百姓学道之后则会遵纪守法。

也就是说，武城虽小，也必须以正规的礼乐加以教化，而不能只考虑其实用价值和经济承受能力。

平心而论，孔子与子游，他们的观点各有各的侧重，各有各的优长之处。

孔子更多地考虑经济投入与实际效果的对等与否，子游则更多地考虑政治效果。

孔子的观点更偏重于政治理论家的主张，而子游的理念更侧重于政治家的实践。这种情形，在孔门中并不少见。

从孔子思想的角度去看，显然子游的主张更为纯粹。所以，孔子不得不马上承认错误，他说：“二三子，偃之言是也！前言戏之耳。”①

孔子直接面对在场的所有弟子，首先肯定了子游的观点和

---

① 《论语·阳货十七》。

做法是正确的。

一个从政者,不管是治理天下,还是治理国家,以至于治理一个地方,必须摆正其主导思想,即充分重视礼乐之教。

其次,在推行礼乐之教的过程中,还要做到位、做到家。同样是乐教,正规的乐章和乐队,才能起到正规的效果。

再次,从长远来看,必要的人力和财力的投入,才能从根本上发挥礼乐的教化作用,而避免流于形式,避免成为表现给上级看的所谓政绩工程。

经子游提醒,孔子至少是想到了这些层面,才接着承认了自己的错误:刚才所说杀鸡用牛刀,只是一个戏言!开个善意的玩笑而已。

这就是说,孔子承认,在这一刻,他站在常识的角度,犯了一个普通人容易犯的错误。这或许是表现出,晚年的孔子,无论是在政治敏锐性上,还是在反应能力上,都无法与他意气风发的年代相比了。

不经意之间,更容易表现出凡人孔子的一面。

但是,在子游的坚持之下,七十多岁的孔子,面对自己的弟子,还是勇敢地承认了自己的错误,这无疑又是他超越凡人的所在。

三、诳语应对

在孔子的教育中,做人诚实,做事诚信,是最基本的要求之一。

但孔子也说过，做人还须掌握“权”[①]的原则，即面对具体情况，还须进行具体的权衡，做出权变的应对。

孔子五十岁从政前夕，掌握鲁国实权的是季氏家宰（总管）阳货。

孔子年轻时，曾经遭到过阳货的轻蔑之辱。[②]

孔子五十岁时，阳货自忖羽翼丰满，不愿听从季氏左右，意欲独揽鲁国之政。

此时的孔子以学识和德行名满鲁国，更有许多有才干的弟子追随左右。

阳货自然想到要拉拢孔子入伙，于是提出要跟孔子会见，没曾想遭到孔子的拒绝。

为什么会拒绝呢？《论语》没有说明。从结局上看，应该是孔子并不赞成阳货的政治主张，更反对他的篡权阴谋。

但阳货并没有死心，而是用起了计策。

阳货知道，孔子是遵循周礼之士。

按照周礼规定，如果士人接到大夫的馈赠，应该到大夫家中拜谢。于是，阳货以重礼馈赠孔子，迫使孔子不得不来跟他见面。

孔子无奈，只好前往阳货家中。但是，为了避免与阳货见面，孔子也颇费心计，专门瞅着阳货不在家的时候去登门致谢。

阳货也不是泛泛之辈。估计是考虑到了孔子的这点儿“雕

---

① 《论语·子罕第九》：“子曰：‘可与共学，未可与适道；可与适道，未可与立；可与立，未可与权。’”

② 《史记·孔子世家》：“季氏飨士，孔子与往。阳虎（货）绌曰：‘季氏飨士，非敢飨子也。’孔子由是退。”

虫小技”,他并没有在家等着孔子,而是在孔子必经之路上截住了孔子,令孔子无法躲避。

这场不可避免的精彩会面和谈话,《论语》中的记载很详细:

> 谓孔子曰:“来!予与尔言。”
>
> 曰:“怀其宝而迷其邦,可谓仁乎?”
>
> 曰:“不可。”“好从事而亟失时,可谓知(智)乎?”
>
> 曰:“不可。”
>
> “日月逝矣,岁不我与。”
>
> 孔子曰:“诺。吾将仕矣。”①

这时候的阳货,正值得意时期,忘乎所以地要篡夺鲁国大权,所以,尽管有求于孔子,还是不能扔掉其盛气凌人的恶习。

面对孔子,阳货非常无礼。

既不呼名,更不称字,而是高喊一声“来”,到我跟前来!

然后,阳货直抒其意。

“予与尔言”,意即“我明白告诉你吧”。

这样的起首语,依然透着极度的无礼。但是,处在当时形势下,孔子不便发作,只好听下去。

阳货从三个方面表达了要对孔子说的话。

第一,怀其宝而迷邦。即怀藏治国之术,不救国之迷乱。

第二,好从事而失时。即喜好政治,却不懂得抓住时机。

第三,日月逝而不待。即时间过得很快,不会等待任何人。

---

① 《论语·阳货十七》。

这些是对孔子当时政治态度的批评，也是对孔子从政主张的讥讽。特别是还故意用孔子所推崇的“仁”、“智”等信条反揭孔子之短，可谓嚣张至极。

此时的孔子，在政治思想上已经成熟，不仅不赞成阳货的政治主张，也不看好阳货的政治结局。但是，阳货在篡权的路上已经不能自已，近乎疯狂，孔子当然不能逆其势而行，以免招来无妄之灾。

所以，面对阳货的质问和要求，孔子虽然在内心不能接受，表面上也只能表示同意。

孔子在口头上赞成阳货的观点，并最终在阳货的威逼之下，表示可以出仕。

历史上许多儒生不理解孔子的这一“诺”，认为是孔子放弃了原则。更有敌对孔子者，以为孔子最终之所以没有加入阳货的队伍，只是因为阳货的灭亡来得太快。这两方面的极端主张，显然都是主观想象的结果。

特别是后一种可能。如果孔子真想加入阳货的队伍，从一开始就不会选择回避的做法。

我们此刻的重点，是欣赏孔子如何以“诳语”应对不利的局面。

这是真正仁者和智者的选择。

所谓仁者，始终能够把握自己的行为，即所谓的“仁者乐山”。

在自己的政治生涯中，就《论语》的记载而言，孔子就有过多次逾越政治底线的冲动，这是任何人身上都可能发生的事情。但孔子之仁，是能够在最后的行为临界点把握住自己。

所谓智者，是说在自己面临困顿或危险时，能够暂时避让，不做无谓的牺牲品，即所谓的“智者乐水”。

要实现合理避让，就需要有适当的方法，以诳语作应付，不失为合理手段之一。

想见当时的场景，如果孔子不作声，阳货一定继续逼问，直到孔子发声。

如果孔子拒绝，极有可能发生正面冲突，甚至野蛮屠戮。

孔子应该想到，在当时，阳货其实也没有太多的精力和时间抓住自己不放，所以，如能暂避其锋，应该是当时最好的选择。

智者孔子，以暂时之“诺”避其锋芒。

这样一来，我们与其说孔子以诳语应付，还不如说孔子以自己特有的冷幽默，合理地化解了一个难题。

如前所述，还是在鲁国，有一位名叫孺悲的人，据说还曾经跟孔子学习过有关士人如何对待丧礼的问题。

某一天，这位孺悲想跟孔子见面。

这不知是发生在学礼之前还是之后。

也不知因为什么，孔子很不想接见孺悲。

但是，面对孺悲派来约见的使者，孔子有点儿费难。

最后，孔子想到了最原始的办法，说自己身体不好，不方便接待访客。

使者得到了答复，转身离开孔子住处。

令人意想不到的是，使者刚迈出门槛，孔子就操起了琴瑟，开始放声高歌，完全不像个病人的样子。

《论语》也记载说，孔子是故意“使之闻之”①，有意让使者听到。

---

① 《论语·阳货十七》：“孺悲欲见孔子，孔子辞以疾。将命者出户，取瑟而歌。使之闻之。”

看了这样的婉拒，在旁边的孔子弟子中，肯定会有人笑出声来。没想到一向严谨的教师，还使用这种“儿童版”的手法。

乍看上去，这确实显得很幼稚，但仔细思考之下，却是孔子有伸有缩、有收有放的练达表现。

试想，一个我们极不想见的熟人，突然派人来约见，我们应该怎么办？

无非是坚定拒绝、婉言推辞、勉强见面三种选择。

以孔子的个性和修养，婉言推辞更为适合。但这种方式的弊端，是让对方觉得以后还有机会。

为此，孔子选择了一个既能明确表达不再相见，又让各方不失颜面的做法。

这种分寸的把握，让人感觉孔子既温和又严厉，既有度又和缓，既幽默又严肃。直如《论语》所记载：

> 子温而厉，威而不猛，恭而安。①

孔子的幽默，是温、不猛和安的有机结合。

当孔子以他独有的幽默应对各种难题时，我们并没有感受到任何的急迫和无奈，而是彬彬有礼和雍容有方。

朱子认为，像“温而厉，威而不猛，恭而安”之类的记载，乃是孔子“门人熟察而详记之，亦可见其用心之密矣，抑非知足以知圣人而善言德行者不能也”。

对于孔子式的幽默，要想理解和接受，并得到启发和收获，也需要一方面用心体察孔子的修养和心境，同时自身的修养也

---

① 《论语·述而第七》。

要达到相当的境界。

朱子进而认为，“人之德性本无不备，而气质所赋，鲜有不偏，惟圣人全体浑然，阴阳合德，故其中和之气见于容貌之间者如此”。

这是说，每个人都有相同的道德修养的基础，但由于成长经历的影响，结果都会有所偏差，而只有像孔子这样的圣人，才能养成中和之气，从容应对一切。

这种观点虽有夸张之嫌，但孔子对于所遇难题的相对全面的把握，确实在他的幽默言语中表现得淋漓尽致。

四、反语达正

严格说来，孔子是反对辩才的。

孔子晚年时，把门下弟子分作四类，即有名的四科：德行、言语、政事、文学。[①]

其中的“言语”一科，就是以弟子宰予和子贡为代表的能言善辩者。

孔子主张“辞，达而已矣”[②]。出言吐语，能够表达清楚自己的意思就可以了。

孔子反对的是不能与行为相一致的言语，而并不是反对恰

① 《论语·先进十一》。

② 《论语·卫灵公十五》。

当地运用语言的力量。

在语言的运用方面,《论语》的相对可靠的记载,为我们展示的是孔子的高度练达。

除了以多种幽默的方式应对一些特殊场面之外,孔子还会使用反语,表达自己的一些特殊感觉。

在与弟子们的交流中,从语言表现力的角度看去,孔子与“言语”弟子子贡的交流就很有特色。他们二人的语言交流,是以极度的默契为基础的。

周游列国末期,孔子逐渐失去了对各国当政者的信心,表现在言语中,就是很明确地对子贡说:“予欲无言。”我打算什么也不说了,即不再去动员那些政治人物接受我的思想学说了。

以子贡的智慧,马上就明白了孔子的意思,但他并没有直接劝说孔子继续游说,而是换个角度阻止孔子的想法。

子贡说:“子如不言,则小子何述焉?”

意思是说,如果先生您什么也不再说了,那我们这些弟子就无法接受老师的教育,不能继续进步了。所以,看在弟子们的面子上,老师也不应该“无言”。

子贡的“言语”之才,不仅表现在言语本身,而且表现在透过言语,观察对方的内心世界。

子贡知道,孔子的“不言”,更多地是表达对现实的批判,并不是要放弃他的思想传播。但是,孔子又是要面子的人,如果直接跟他争辩要不要传播其思想,肯定会形成僵局,所以,子贡选择了从对弟子的关怀上入手。

教育弟子,既是孔子的追求,也是孔子的荣耀,更是孔子的百折不回。

说到这里,孔子的坚持似乎有所松动,因为子贡的要求无可辩驳。

这样一来，孔子只好另寻出路，对天长啸："天何言哉？四时行焉，百物生焉。天何言哉？"①

孔子没有选择与子贡直接辩论，因为他也只是发泄和抒怀，并不是真正的"无言"。所以，孔子搬出了上天的作为给自己辩解。

上天说过什么呢？四季还不是照常更替，万物还不是照样生长。

这就是说，不管我说与不说，不管我是不是不遗余力地传布我的思想，社会发展的脚步照样不会停止！

可是，历史发展证明，孔子的说与不说，对中国古代社会的发展是至关重要的。

孔子在世时，可能对此并不敏感，所以才以普通人的姿态发出"予欲无言"的抱怨。

不过，幸亏有子贡的理解，孔子的反语才能让后人明白其真实的含义。

孔子五十岁时开始了在鲁国的再次从政。严格说起来，他年轻时初步仕途，只处在鲁国政治的边缘，而五十之后的从政，则进入了鲁国政坛的核心。

在此之前，孔子曾有十几年的政治追求和彷徨。

鲁国政治的混乱，让孔子无法从政，或者是没有机会从政。

就在这一时期，关心孔子的人士可真是不少。

有善意关切的，当然也有明知故问的。

他们的一个共同的问题是："子奚不为政？"先生您为什么

---

① 《论语·阳货十七》。

不直接进入政治圈儿，而只是在政治的边缘游走，比如发表评论呀，着意培养有从政追求的弟子啊。

如同在许多其他场合一样，孔子确实难以一下子说明白自己的真实意图，所以只能以反语的形式作答。

这一次，孔子回答说：“《书》云：‘孝乎惟孝，友于兄弟，施于有政。’是亦为政，奚其为为政？”①

孔子是那个时代最渊博的读书人之一，特别是对于传统经典，孔子不仅有研究，还经常引用。他在这里所引用的《书》，大致相当于我们现在能读到的《尚书》这部儒家经典。

在现存《尚书・周书・君陈篇》中，这句话说的是孝道的重要性。

这句话是说，孝道是如此的重要，不仅能够维护兄弟之情，还能够影响到天下政治。

孔子引用此句，更多地是使用了它的字面意思。

所谓“施于有政”，是说君主应该把孝道贯彻在治国之道中。

孔子则说，我把孝道的有关思想传布给了当政者。

他接着就切入了主题：我的这种做法，也算是从政啊，何必一定是占据了某个官位，拥有了某个官职，才能说是从政呢？

严格说来，孔子的说法是很牵强的。

人家问他为什么不从政，就是问他为什么不去做官，与他是不是在传布某种政治思想并无直接关联。

孔子焉能不知？但又焉能正面作答？

不得已，只好用运用语言的魅力，依靠自己的博学，以及对

---

① 《论语・为政第二》。

经典的灵活掌握,以及其他手段来应对了。

这就是孔子。立意高远,又不失普通人的人情味。

既不丧失原则,又能让询问者体面掉头。

晚年的孔子不得不淡出政治,但对于国家重大的政治活动依然相当关注。

在某个重大的祭祀场合,即鲁国祭祀先祖的禘(dì)祭活动时,孔子虽然不得参与,但也有资格到场观礼。

可惜的是,在那个礼崩乐坏的时代,主祭者根本不想、也没有能力把这样的重大祭祀活动做得头头是道。

所以,有一些多少能看出些门道的人就向孔子“问禘之说”,让孔子讲讲禘祭究竟应该怎么做?

没想到,孔子的回答最简单不过。他竟然说:“不知也。”

我是个普通百姓,怎么能知道当政者本应该知道的事情呢?

可是,想必这位请教者非要知道答案,孔子只好告诉他:“知其说者之于天下也,其如示诸斯乎!”①

然后,还神秘兮兮地指了指自己的手掌。

“知其说者之于天下也”是一个倒装句,说的是,天底下的任何一个人,如果真想知道禘祭的有关事宜,就好比“如示诸斯乎”,相当于去看“斯”那么容易。

“斯”是指示代词,指的是什么呢?就是孔子伸出的手掌。

这就是说,孔子说自己不知,其实是讥讽鲁国当政者的无知且傲慢。

在孔子看来,如果想认真地举行禘祭,鲁国是古代文化之邦,了解禘祭规则的人多的是。远的不说,孔子本人就是一位。

---

① 《论语·八佾第三》。

孔子这才愤愤地说：要想知道什么是禘祭，就如同观看自己的手掌那么容易！

那么，了解禘祭真的能够如同观看手掌那么容易吗？

事实上并不容易，因为那些当权者的心中根本就没有周礼。

所以，孔子说的还是反语，是用反语表达鞭挞之意。

孔子弟子中，有两位行伍之人，在当时都是有名的武士，一位是子路，一位是樊迟。

这两位弟子，文化底子比较薄，并且也没有刻苦学习的习惯，所以总是提出一些相对肤浅的问题和观点，做出一些真诚而又可笑的事情。

对于他们的表现，孔子一般不采取严厉批评的做法——因为那么严肃规整的道理并不容易让他们接受，而是在话语的形式上作文章，经常以幽默的方式对应，以期他们能够顺利地加以接受。

孔子晚年多病，特别是14年的周游列国，受尽苦难，时常处在身心俱疲之中，多次病重得让弟子们束手无策。

这一次，面对重病的孔子，不知其他弟子想了什么办法，子路的解决之道最有特色。

当着孔子的面，子路向神灵祈祷。

孔子是那个时代的无神论者。

看着子路的举动，孔子故作惊讶："有诸？"有之乎？世上真有神灵吗？

子路也很惊讶孔子会对神灵有所怀疑，肯定回答："有之！"

并且，子路还提供了证据。"《诔(lěi)》曰：'祷尔于上下神祇。'"为了你的健康，让我们向天上和地下的神灵祈祷吧！

《诔》是民间流行的一种书籍，据说是哀悼死者并叙述死者生平的一种书。

子路以为，凡是古书，一定能够说服孔子。

孔子确实被说服了，因为他非常肯定地表示："丘之祷久矣。"①

所谓祈祷，无非是要求人们悔过向善，以达到祈求神灵保佑的目的。

在子路看来，言语的祈祷，或祈祷本身更为重要。

在孔子看来，用自己的行为去祈祷才是人生的本义。

所谓神灵，如果认为没有，也就罢了；如果认为有，孔子认为更应该以自己的善行，而不是花言巧语去感动、去祈求。

孔子的一生，其言行始终向善，完全符合神灵的内在要求，所以他才说："我孔子丘的祈祷已经很久了，从未中断过呀！"

这样一来，孔子既表达了自己的观点，又给子路留下了足够的面子，甚至留下了让子路深思的余地。

孔子肯定自己在"祷"，字面上与子路的"祷"并没有不同，其实却有着完全不同的内涵。

那么，樊迟呢？

前文提到过，樊迟由于未能彻底理解孔子的社会分工思想，故意向孔子请教如何学习种庄稼和种蔬菜。

孔子的回答异常坚定，他说："吾不如老农。"又说："吾不如老圃。"

确实，就种地种菜而言，孔子就是不如有经验的农夫。

可是，就对社会的影响和贡献而言，孔子能够胜过任何一个农夫。

---

① 《论语·述而第七》。

那么,孔子讲给樊迟的,就是反语。

看上去,这样的回答能够满足樊迟的要求了,因为樊迟不是不知道孔子并不教人种地,而是要迫使孔子承认自己不擅长做某种具体事情。

然而,孔子的回答又是那么的出人意料,即使是樊迟,估计也不会想到孔子承认得这么利索、这么明确而坚定。所以,这一定要促使樊迟反思,为什么孔子承认不如老农和老圃?

显然,孔子对言语的把握,是他人格魅力的一个组成部分。

孔子言语不多,但句句中肯。

孔子不与人争吵,但句句在理。

一个重要的原因,就是孔子在言语方面的能屈能伸。

幽默之语,看上去是无奈和退却,实际上却能起到让人回味、发人深省的效果。

幽默的玩笑之语,是寻常言语的一种,只有像孔子那样用在当用之处,才能发挥巨大的作用。

附　录

孔子及其弟子年表

公元前551年（周灵王二十一年、鲁襄公二十二年），孔子1岁。

十月二十七日（夏历八月二十七日），孔子生于鲁国郰邑昌平乡（今山东曲阜东南尼山附近）。

公元前550年（周灵王二十二年、鲁襄公二十三年），孔子2岁。

孔子母亲颜徵在携孔子移居鲁国都城曲阜。

公元前549年（周灵王二十三年、鲁襄公二十四年），孔子3岁。

孔子父亲叔梁纥卒，葬于防地（今曲阜东25里之防山）。

公元前547年（周灵王二十五年、鲁襄公二十六年），孔子5岁。

【弟子秦商（字子丕）生。】

公元前546年（周灵王二十六年、鲁襄公二十七年），孔子6岁以后。

儿童时代的孔子经常以演习传统礼仪为嬉戏。

【弟于曾点（字皙）生。曾点是曾参之父。】

公元前545年（周灵王二十七年、鲁襄公二十八年），孔子7岁。

【弟子颜无繇（字季路，颜回之父）生。】

公元前543年（周景王二

年、鲁襄公三十年),孔子9岁。

【弟子冉耕(字伯牛)生。】

公元前542年(周景王三年、鲁襄公三十一年),孔子10岁。

【弟子仲由(字子路)生。】

公元前540年(周景王五年、鲁昭公二年),孔子12岁。

【弟子漆雕开(字子若)生。】

公元前537年(周景王八年、鲁昭公五年),孔子15岁。

孔子自称“十有五志于学”,从此立志学习传统文化。

公元前536年(周景王九年、鲁昭公六年),孔子16岁。

【弟子闵损(字子骞)生。】

公元前535年(周景王十年、鲁昭公七年),孔子17岁。

孔子母亲颜徵在卒。孔子不知父亲叔梁纥墓地,葬其母于五父之衢。后得知父墓所在,乃将父母合葬于防。

鲁国当权的大家族季氏设宴招待士人,孔子前往,被季氏的管家阳虎拒之门外。

公元前532年(周景王十三年、鲁昭公十年),孔子20岁。

孔子居宋,考察殷代礼制,与宋国亓官氏女成婚。(《孔子家语》谓孔子成婚在19岁。)

公元前531年(周景王十四年、鲁昭公十一年),孔子21岁。

【孔子之子孔鲤(字伯鱼)生。弟子孟懿子、南宫敬叔生。】

大约此后数年,孔子在鲁国担任季氏委吏(仓库保管员)、乘田(牧场管理员)等职。

公元前525年(周景王二十年、鲁昭公十七年),孔子27岁。

孔子问官于郯子,学琴于师襄子。

公元前522年(周景王二十三年、鲁昭公二十年),孔子30岁。

孔子自称“三十而立”,开始了独立思考,并发表政见。

齐国宗鲁死于政治事变,孔子学生琴张打算前去吊问,孔子止之。

郑国政治家子产卒,孔子

闻之，为之流涕，称子产为“古之遗爱”。

【弟子冉雍（字仲耕）、冉求（字子有）、宰予（字子我）、商瞿（字子木）等生。】

公元前 521 年（周景王二十四年、鲁昭公二十一年），孔子 31 岁。

【弟子颜回（字子渊）、宓不齐（字子贱）、巫马施（字子期）、高柴（子羔）等生。】

公元前 520 年（周景王二十五年、鲁昭公二十二年），孔子 32 岁。

【弟子端木赐（字子贡）生。】

公元前 518 年（周敬王二年、鲁昭公二十四年），孔子 34 岁。

鲁国孟僖子卒，临终时嘱其子孟懿子和南宫敬叔师从孔子学礼。他们是有明确记载的孔子的首批弟子。

【弟子有若（字子有）生。】

公元前 517 年（周敬王三年、鲁昭公二十五年），孔子 35 岁。

鲁昭公被季氏逼迫出亡。此后不久，孔子离开鲁国，率若干弟子到齐国游仕。

公元前 516 年（周敬王四年、鲁昭公二十六年）开始，孔子 36 岁开始。

孔子居齐，做高昭子家臣，有齐景公问政，及“闻《韶》乐”，又到附近的杞国（淳于国）考察夏代礼制。齐侯欲以尼溪封孔子，因晏婴反对而作罢。

公元前 515 年（周敬王五年、鲁昭公二十七年），孔子 37 岁。

【弟子原宪（字子思）、樊须（字子迟）生。】

公元前 513 年（周敬王七年、鲁昭公二十九年），孔子 39 岁。

晋国赵鞅铸刑鼎，孔子闻之，批评其“失度”。

公元前 512 年（周敬王八年、鲁昭公三十年），孔子 40 岁。

孔子自称“四十不惑”，在齐国的经历坚定了他的政治信念。

【弟子澹台灭明（字子羽）生。】

公元前 511 年(周敬王九年、鲁昭公三十一年),孔子 40 岁。

【弟子陈亢(字子禽)生。】

公元前 510 年(周敬王十年、鲁昭公三十二年),孔子 42 岁。

鲁昭公卒于晋国乾侯。次年,鲁昭公之弟继位,是为鲁定公。

鲁昭公在外流亡期间,孔子大部分时间亦在齐国,或以齐国为中心,在齐国周围地区活动。齐景公不能任用孔子,更有齐大夫意欲加害孔子,孔子只好返鲁。途中,路过嬴、博之间,参观吴公子札为其子举行的葬礼。

孔子此次返鲁后,至鲁定公九年(前 501 年)一直贫居不仕,主要从事早期的教学和思想文化研究,弟子弥众。

公元前 509 年(周敬王十一年、鲁定公元年),孔子 43 岁。

【弟子公西赤(字子华)生。】

公元前 507 年(周敬王十三年、鲁昭公三年),孔子 45 岁。

【弟子卜商(字子夏)生。】

公元前 506 年(周敬王十四年、鲁昭公四年),孔子 46 岁。

【弟子言偃(字子游)生。】

公元前 505 年(周敬王十五年、鲁昭公五年),孔子 47 岁。

【弟子曾参(字子舆)生。】

公元前 503 年(周敬王十七年、鲁定公七年),孔子 49 岁。

季氏家臣阳虎(《论语》称"阳货")专权,要求孔子出仕,孔子口头应诺,但并无行动。

【弟子颛孙师(字子张)生。】

公元前 502 年(周敬王十八年、鲁定公八年),孔子 50 岁。

阳虎阴谋作乱,欲以武力夺取鲁国政权,其同党公山不狃(《论语》称"公山弗扰")欲占据季氏封地费邑,以军事力量作外应。公山召孔子,孔子欲往,弟子子路不悦,孔子虽有辩说,但终未赴往。

六月,阳虎作乱失败,孔子

受当权的“三家”邀请，开始从政，故孔子自称“五十知天命”，认为事情的成败并不能完全由自己掌控。

公元前501年（周敬王十九年、鲁定公九年），孔子51岁。

孔子任中都宰，即鲁国首都曲阜的行政首长。

公元前500年（周敬王二十年、鲁定公十年），孔子52岁。

孔子任鲁国司空，不久改任大司寇。陪同鲁定公在夹谷会见齐侯，取得对齐国的外交胜利，史称“夹谷之会”。此后，即在鲁国开始进行大刀阔斧的政治改革。

公元前498年（周敬王二十二年、鲁定公十二年），孔子54岁。

孔子劝说三家接受“堕三都”，并由子路具体实施，但最终由于“三家”的反悔，“堕三都”半途而废，子路因此失去季氏宰的职位，孔子也受到“三家”的冷落和排挤。

公元前497年（周敬王二十三年、鲁定公十三年），孔子55岁。

鲁国举行郊祭，未将理应分发给大夫的祭肉送给孔子。孔子眼见在鲁国的从政已经再无前途，即带领部分弟子出国游仕，先到卫国，然后遍访中原诸国，史称“周游列国”。

公元前496年（周敬王二十四年、鲁定公十四年），孔子56岁。

卫灵公无道，卫国政治由其夫人南子左右。为了在卫国立身，孔子“见南子”，子路不悦。

公元前495年（周敬王二十五年、鲁定公十五年），孔子57岁。

孔子在卫国。

五月，鲁定公卒，鲁哀公即位。

公元前494年（周敬王二十六年、鲁哀公元年），孔子58岁。

孔子在卫国虽然生计无忧，但却得不到任用，只好离开卫国，到他国寻求从政机会。

期间曾多次遭遇困顿，如赴陈国时途经匡邑，被匡人所拘；后来经过蒲邑，又被蒲人拦截，等等。

晋国的佛肸据守中牟叛乱，召请孔子，孔子欲往，子路不悦，终未成行。

孔子也曾想到去晋国，可走到黄河边时，孔子听说晋国执政大夫赵鞅杀害了两位贤人，深感失望，只好又回到卫国。

公元前493年（周敬王二十七年、鲁哀公二年），孔子59岁。

卫灵公卒，太子蒯聩与其子卫出公上演父子争位。虽然孔子也受到了卫出公的礼遇，但卫国终究不是孔子从政的理想之地，所以，孔子不得不再次离开卫国。

此后，孔子一行人先后到过陈国、曹国、郑国和宋国。

在宋国，由于孔子对宋司马桓魋有所批评，司马桓魋就打算加害孔子，使孔子不得不微服潜行，离开宋国。

公元前492年（周敬王二十八年、鲁哀公三年），孔子60岁。

鲁国执政的季桓子卒，其子季康子继位执政。季桓子临终前，嘱咐季康子要把孔子召请回国。季康子也是孔子弟子之一。

孔子居陈。他听到鲁国的祖庙发生火灾的消息，就分析说是烧毁了鲁桓公和鲁僖公之庙。孔子的预言不久之后得到证实，这使陈闵公十分敬服孔子。

孔子还辨认出一支古箭为上古肃慎氏的贡矢，并讲述了它和陈国始祖的关系，这使陈国君臣更加敬佩孔子，就请孔子做陈侯的文化顾问。

此时的孔子离开鲁国已经有五六年，在中原地区历经各种磨难，所以自称“六十而耳顺”，即可以接受各方面的意见，特别是不同意见。

颜回死于孔子求仕各国的旅途中。此前，孔子的儿子伯鱼也死在旅行途中。

公元前489年（周敬王三十一年、鲁哀公六年），孔子63岁。

孔子接到楚昭王的邀请，动身赴楚，不料刚过楚国边界，楚昭王突然死去，孔子只好回返。

公元前 488 年(周敬王三十二年、鲁哀公七年),孔子 64 岁。

孔子离开楚国,路过蔡国。此时,楚国正在进行灭亡蔡国的战争,孔子一行又遇困厄,幸有楚国的将军叶公久慕孔子之名,把孔子接到他的驻守之地负函,并与孔子及其弟子多次谈论时政及一般性的政治问题。

在楚、蔡期间,孔子多与楚国的一些有名的隐士接触。孔子本人则数次重病,几乎丧命。

公元前 486 年(周敬王三十四年、鲁哀公九年),孔子 66 岁。

由于楚地不能久留,孔子又回到卫国。卫出公曾有意任用孔子,孔子与卫国权臣孔文子亦多有往还。

在最后回到鲁国之前的几年中,孔子一直生活在卫国。

孔子的后期弟子,有许多人就是在孔子这一时期的游仕历程中汇聚而来的。

公元前 485 年(周敬王三十五年、鲁哀公十年),孔子 67 岁。

冉求应季康子之召回到鲁国,任季氏宰。临行前,子贡叮嘱冉求,要设法尽快使孔子回国。

孔子夫人亓官氏卒。

公元前 484 年(周敬王三十六年、鲁哀公十一年),孔子 68 岁。

齐国军队攻伐鲁国,鲁军在曲阜城郊应战,大获全胜,冉求立有大功,受到季氏进一步的信任。乘此机会,冉求要求季康子邀请孔子回国,季康子应允。

在卫国,一向被孔子看重的孔文子假公济私,准备动用军队泄私愤,并就此事请求孔子的意见,孔子不悦。恰好鲁国派人迎请孔子,孔子便结束了十多年的流浪,回到鲁国。

季康子推行新的田赋制度,派冉求征求孔子的意见,受到孔子批评。

公元前 483 年(周敬王三十七年、鲁哀公十二年),孔子 69 岁。

季康子将新的田赋制度付诸实施,孔子认为冉求起了推波助澜的作用,愤然批评冉求"非吾徒也"。

五月，鲁昭公夫人孟子卒，孔子前去吊问，并讥刺季氏不知礼。

十二月，鲁国出现蝗灾，季康子就此访问孔子，孔子认为这不是反常的自然现象，而是司历者算错了时间，委婉批评季氏的用人不当。

公元前 482 年（周敬王三十八年、鲁哀公十三年），孔子 70 岁。

在冉求的帮助下，季氏多有僭越礼仪之举，如旅泰山、伐颛臾等，对此，孔子都有公开的批评。

孔子自称“七十而从心所欲不逾矩”，既是对僭越礼仪者的批判，也是对自己一生修养的肯定。

公元前 481 年（周敬王三十九年、鲁哀公十四年），孔子 71 岁。

春季，权臣叔孙氏西狩获麟，以为不祥，孔子却不以为然。

六月，齐国陈成子弑杀齐简公，孔子要求鲁国武装干预，鲁哀公无权决定，“三家”则不同意。

公元前 480 年（周敬王四十年、鲁哀公十五年），孔子 72 岁。

在卫国从政的子路死于卫国的内乱。消息传来，孔子格外悲痛，亲自为子路祭奠。遭此沉重打击，孔子一病不起。

公元前 479 年（周敬王四十一年、鲁哀公十六年），孔子 73 岁。

四月十一日（夏历二月十一日），孔子病故。弟子们举行了庄重的葬礼，把孔子葬在曲阜城北水泗之滨。他们都为孔子守丧三年。其后，子贡又守墓三年。

鲁人和孔子的一些学生相继在孔墓附近筑室为家，逐渐形成一个聚落，称为孔里。孔子的故宅被鲁国公室保留，作为孔庙以奉祠孔子，这也是后世孔庙和孔府的前身。